本书由贵州省社会科学院
"国家治理体系和治理能力现代化地方实践高端智库"资助出版
属贵州省社会科学院"发展社会学"重点学科建设成果

'Village Super League' Explores the New Way

"村超"
闯新路

高刚 等 著

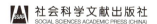

社会科学文献出版社
SOCIAL SCIENCES ACADEMIC PRESS (CHINA)

序　言

2021年2月3~5日,习近平总书记在贵州考察调研。5日上午,习近平听取了贵州省委和省政府工作汇报,对贵州各项工作取得的成绩给予肯定,希望贵州坚持稳中求进工作总基调,立足新发展阶段、贯彻新发展理念、构建新发展格局,坚持以高质量发展统揽全局,守好发展和生态两条底线,统筹发展和安全工作,在新时代西部大开发上闯新路,在乡村振兴上开新局,在实施数字经济战略上抢新机,在生态文明建设上出新绩,努力开创百姓富、生态美的多彩贵州新未来。①

2022年新年伊始,在习近平总书记视察贵州一周年之际,《国务院关于支持贵州在新时代西部大开发上闯新路的意见》(国发〔2022〕2号)正式发布。该文件对贵州做出了"四区一高地"的战略定位,即建设西部大开发综合改革示范区、巩固拓展脱贫攻坚成果样板区、内陆开放型经济新高地、数字经济发展创新区、生态文明建设先行区。榕江积极践行习近平总书记提出的"四新"要求,抢抓国发〔2022〕2号文件机遇,创新提出"让手机变成新农具,让数据变成新农资,让直播变成新农活"的"三新农"发展理念,把非遗传承人、种养殖户、文化志愿者、易地搬迁群众、弱劳动力者等培训成"数字新农人",大力发

---

① 《向全国各族人民致以美好的新春祝福 祝各族人民幸福吉祥祝伟大祖国繁荣富强》,《光明日报》2021年2月6日。

展短视频、直播电商、线上营销等新业态，帮助老百姓搭上新媒体数字快车，创新开辟出一条新媒体数字经济赋能特色产业发展、助推乡村振兴的新赛道。

发展实践中，榕江一方面尝到了新媒体的甜头，另一方面也尝尽了知名度不高的苦头。外界不知道榕江，更不知道榕江有什么优势，招商引资难，要素集聚难。新路怎么闯？县域现代化怎么实现？榕江在苦苦求索。凭借发展新媒体产业的经验，榕江发现，只有成功打造县域IP，提升榕江知名度和影响力，才能形成要素集聚能力，推动县域发展，实现真正意义上的"在新时代西部大开发上闯新路"。

于是，榕江先后策划了5次"融合式"县域文化IP塑造活动，但都没有成功出圈。榕江从5次尝试中总结认为：要打造一个可持续、具有生命力的县域文化IP，必须坚持"发展靠群众、群众靠发动、发动靠活动、活动靠带动"的群众路线思路，核心是要带动全民参与、全民受益，政府不能大包大揽。在此基础上，榕江开展第6次县域文化IP塑造探索，把足球赛事与民族文化、非遗文化、美食文化、淳朴民风等结合起来进行融合式创新，做有榕江特色的乡村足球超级联赛并通过新媒体宣传推广。2023年5月13日，贵州榕江（三宝侗寨）和美乡村足球超级联赛在城北新区体育馆开幕。联赛由榕江县足球协会主办，承办单位是榕江县三宝侗学会，球队经费由村民自筹，政府退居幕后做服务支撑、安全保障。参赛者以村民为主，场内队员竞争激烈，球赛间隙有丰富的民族文化表演，现场热血沸腾，比赛奖品超接地气，极具乡村气息。如此新颖的乡村足球联赛被称为"村超"，通过新媒体传播，"村超"迅速火爆。

截至2024年10月，持续火爆的"村超"获得中央电视台、新华社、《光明日报》、《人民日报》等国家级主流媒体刊播稿件超 700 条（篇），"村超"话题综合浏览量超 850 亿人次，是中国乡村现象级赛事，被评为"中国式现代化实践的生动诠释""人类文明新形态""乡村振兴的催化剂"。 习近平主席在二○二四年新年贺词中点赞："村超"、"村晚"活力四射……诠释了人们对美好幸福的追求，也展现了一个活力满满、热气腾腾的中国。 全国政协主席王沪宁在全国政协第十一次双周协商座谈会上对"村超"给予充分肯定。 时任外交部部长助理、发言人华春莹在推特上盛赞："中国贵州省，20 支村民队参与的'村超联赛'首场比赛已拉开帷幕，吸引数千观众到场观看。 伟大的激情，伟大的比赛！"时任外交部发言人汪文斌在个人海外社交平台上发文并配以短视频，展示贵州榕江"村超"的绚烂烟花。 坚持农民唱主角的"村超"被写入 2024 年中央一号文件。

依托"村超"品牌影响力，榕江深入挖掘赛事的市场价值和产业潜力，聚焦"吃住行游购娱"六要素，推动"超经济"全面发展。 截至 2024 年 10 月，"村超"累计吸引游客 1225.96 万人次，实现旅游综合收入 135.34 亿元。 新增各类市场主体 4193 户，汇源集团、华诚生物等知名企业入驻榕江①，为榕江县域现代化发展打下坚实基础。

通过"村超"，榕江跳出了后发地区县域发展的路径依赖困境，创新性地成功打造县域 IP 形成品牌影响力，并依托品牌影响力集聚发展要素，推动县域发展。"村超"探索出一条后发地区实现县域现代化发展的新路，是新时代在西部大开发上闯新路的典型。

关于"村超"的研究，也像"村超"本身一样渐成热点。 各大媒

---

① 资料来源：由榕江县人民政府办公室提供。 全书关于"村超"的数据资料，若无特别说明，均来自榕江县人民政府办公室。

体纷纷关注"村超",解读"村超",主要从两个角度展开。一是详细
报道"村超"的精彩现场和影响力。如 2023 年 2 月 6 日《中国青年
报》头版刊发的通讯《侗寨里的"村超"联赛》追溯了"村超"的历史
传承,详述赛事由村民自发组织、春节期间举行、以年猪为奖品、资金
由村民捐款赞助等老传统及比赛间隙的民族文化表演等新民俗。这是
以"村超"为名的第一篇新闻报道①。2024 年 3 月 31 日,《人民日报》
记者陈晨曦在《贵州"村超"精彩继续》中指出,体育赛事品牌出海,
有助于讲好中国故事。② 二是在深度调研的基础上分析"村超"为何
能够成功。如新华社记者罗羽在《"出圈"到"长红","村超"何以
能?》一文中分析认为,"村超"持续火爆的背后,是锲而不舍地探索
创新……"官推民办"激活"一池春水",为"村超"品牌的塑造奠定
了基础,也为当地社会经济发展注入新的动能。③ 田宇、刘阳在《"村
超"热,是乐子也是路子》中指出,最终点燃这把火的,还是当地老百
姓最喜欢的足球,尊重人民首创精神、"全民参与"是背后的密码……
在浓浓的烟火气中,以体育运动增进发展活力,蹚出了文旅交融新路
子。④《经济日报》记者吴秉泽、王新伟在《"村超""村 BA"火爆出
圈的密码》中指出,近年来,一场又一场群众自发组织、村民当主角、
"土"味十足的文化体育活动在贵州接连举行,既丰富了群众精神文化

---

① 李雅娟、龙东连:《侗寨里的"村超"联赛》,《中国青年报》2023 年 2 月 6 日,第
1 版。
② 陈晨曦:《贵州"村超"精彩继续》,《人民日报》2024 年 5 月 27 日,第 15 版。
③ 罗羽:《"出圈"到"长红","村超"何以能?》,《贵阳晚报》2024 年 8 月 1 日,
(A05)综合新闻。
④ 田宇、刘阳:《"村超"热,是乐子也是路子》,《中华工商时报》2024 年 1 月 10 日,
第 3 版。

生活，又拉动了当地经济发展。①《中国改革报》请专家解读"中国式现代化建设县域实践的新路子"，专访了中国城市和小城镇中心城市战略部主任荣西武，其认为"村超"的成功是偶然，也是必然，其"密码"在于"全民参与、纯粹且接地气，政府支持、引导且不干预，众人拾柴、牵手且成合力，流量共享、众乐而非独乐"。②

　　"村超"出圈后，学界也从多个方面对其进行解读。主要从如下几个方面展开。一是从文旅融合的角度分析"村超"价值。如石培华认为，"村超"的成功，"不仅探索了一种大众体育运动发展模式，也探索了一种做旺文旅消费，促进文化和旅游深度融合、旅游业高质量发展的新打开方式，以美好幸福生活作为发力点，用新的打开方式打造旅游核心吸引物和超级文旅 IP，以快乐释放幸福价值和人心红利，以更能体现体育精神本质的方式打开贵州乡村人民健康幸福生活，通过赛事传递欢乐的文化氛围和情感价值。""将世界最热烈的球类运动与原生态的贵州山乡生活完美融合，折射的是推进中国式现代化的奋进力量，展示的是幸福中国、健康中国和美丽中国的模样。"③二是从大的时代背景分析"村超"成功的原因。如中共贵州省委宣传部调研组指出："村超""村 BA"其姓为"村"，名副其实；它们的火热出圈，是近年来贵州广大农村富起来、美起来、群众精神文化生活不断充实起来的生动呈现，其根也在"村"。脱贫攻坚战取得全面胜利打下的坚实物质基础、传承千年生生不息的浓厚民间文化氛围、覆盖城乡的交通网和互联

①　吴秉泽、王新伟：《"村超""村 BA"火爆出圈的密码》，《经济日报》2023 年 8 月 10 日，第 12 版。
②　焦红霞：《探寻贵州"村超"成功密码》，《中国改革报》2023 年 8 月 25 日，第 5 版。
③　石培华：《贵州"村超""村 BA"如何持续发力》，《当代贵州》2023 年第 36 期。

网造就的高效开放渠道、蕴藏在广大群众之中的无限创造力等，为"村超""村BA"的"盛大绽放"创造了环境、提供了条件。① 三是从传播的角度分析"村超"的重要启示。 如许峰、黄春云从狂欢理论切入，阐述了"村超"在新媒体时代"狂欢"何以可能，从狂欢空间、狂欢心理和狂欢动机三大要素进行分析，发现"村超"的传播现象蕴含了全民性、平等性、仪式性和颠覆性四大狂欢特征，并在"村超"可持续发展方面，提出了"打造火热IP，持续流量变现；优化呈现内容，凸显独有特色；培养专业人才，革新媒介技术；善用媒介资源，形成全媒体传播矩阵"等建议。②"村超"策划者欧阳章伟和王永杰合作，以工作笔记的形式出版了《"村超"密码》一书，对"村超"从0到1的创业历程进行了生动讲述，重点从传播策划的角度深度解析了"村超"成功出圈的原因。③ 四是对"村超"进行文化阐释。 如索晓霞指出，从铸牢中华民族共同体意识的视角来看，"村超"是中华民族共同体意识在基层的鲜活实践。④ 刘梦轩认为，"扎根于民族文化的独特特征，关注挖掘文化娱乐活动中蕴含的情感纽带，激发大众的情绪价值和共鸣，适应于新时代受众需求的转变，是贵州'村超'成功出圈的重要原因。"⑤五是探讨了"村超"的治理启示。 如余满江认为，"村超"具有多中心治理的特征，"村超"背景下的治理主体多元化和治理机制网络化，破解

---

① 中共贵州省委宣传部调研组：《"村超"、"村BA"何以火爆出圈》，《求是》2024年第11期。

② 许峰、黄春云：《"村BA""村超"现象级传播中的"狂欢"要素分析》，《媒体融合新观察》2023年第4期。

③ 欧阳章伟、王永杰：《"村超"密码》，贵州民族出版社，2024。

④ 索晓霞：《村超是中华民族共同体意识的鲜活实践》，《当代贵州》2023年第47期。

⑤ 刘梦轩：《从贵州"村超"看民族文化传播特征与创新策略》，《东南传播》2024年第2期。

了乡村公共治理中"多位一体"治理模式流于形式、基层行政部门职责权限界定不清晰的问题。①

　　作为贵州学者，我们也一直关注着"村超"。 我们在开展国家社科基金项目"参与式乡村振兴的机制创新及实践路径研究"（批准号：22XSH020）的过程中，多次到榕江调研"村超"，看到了"村超"最好地践行了"参与式"理念，是"参与式乡村振兴"的典型案例。 除此之外，"村超"在非遗传承、内生型现代化、社会治理、铸牢中华民族共同体意识等方面，都值得深入研究。 我们深感"村超"应该从不同的学科视角给予全方位的学术关注，推进"村超"进一步发展也需要理论指导。 于是，对"村超"进行系统性理论研究的想法油然而生。

　　我们搜集了大量关于"村超"的素材，记者们的新闻报道、学者们的学理思考为我们的研究提供了重要启示。 但我们发现，已有文献要么是现象描述而深度不够，要么是从某个角度对"村超"进行解读，系统性和理论性尚需提升。 因而我们的研究拟从多学科的角度展开，力图把"村超"的整个来龙去脉梳理清楚，把这一重要的"中国故事"讲好。 既分析"村超"的术，更分析"村超"背后的道；既分析"村超"的历史底蕴，又总结"村超"的实践经验。

　　基于此，全书采取总分总的逻辑展开，一共由九章组成，并附录"村超"大事记。 第一章梳理"村超"产生的背景、过程及火爆出圈后所带来的影响，为后续分析提供总体性的故事背景。 第二章梳理"村超"的历史底蕴，讲清楚"村超"为什么会产生在榕江。 第三章分析"村超"给榕江发展带来的变化。 第四、五章分析民族文化、非

---

① 余满江：《借力"村超"创新乡村治理》，《文化产业》2024 年第 11 期。

遗、民俗等是如何与足球进行融合创新，进而产生精彩"村超"的。
第六章从生活逻辑的角度对"村超"进行分析，认为生活世界始终是
"村超"演绎的舞台，生活逻辑则是"村超"背后隐藏的成功密码。
第七章对"村超"进行文化阐释。 第八章梳理了"村超"的辩证思
维。 第九章从宏大的时代背景对"村超"进行系统解析，并从多个角
度揭示"村超"所蕴含的启示意义和可借鉴的经验，最后对"村超"进
一步发展的相关问题做一些思考。 附录梳理了"村超"大事记，使之
与全书主体内容相互印证。

　　"村超"还在不断发展。 我们的研究，也只是对某个时间段内"村
超"实践的理论解析和总结，只能算一个阶段性成果。 随着"村超"
实践的深入，理论研究还应继续跟进。

目 录

"村超"闯新路

"村超"

闯新路

第一章

以乐子探索县域现代化路子

习近平主席在二〇二四年新年贺词中点赞："'村超'、'村晚'活力四射……诠释了人们对美好幸福的追求，也展现了一个活力满满、热气腾腾的中国。""村超"是足球与民族文化融合创新的产物，得益于精准高效的媒体传播。"村超"热气腾腾，温暖了人民，火热了经济。

贵州村超

"村超"
闯新路

榕江地处湘、黔、桂三省（自治区）接合部中心地带，素有"黔省东南锁钥，苗疆第一要区"之称，是贵州对接融入粤港澳大湾区的"桥头堡"。在探索如何融入大湾区的过程中，刚刚脱贫、寂寂无闻的榕江发现，只有提高自己的知名度，才能形成要素集聚能力。经过不断地探索，"村超"应运而生。本章试图梳理"村超"产生的背景、过程及火爆出圈后所带来的影响，把"村超"的故事讲清楚，为后续分析提供总体性的故事背景。

一、破茧成蝶的前夜

1. 融入大湾区的榕江之问

2023 年 6 月 29 日，星期四，夜幕已经降临。这天不是比赛日，吃了晚饭的榕江民众依然纷纷来到"村超"球场。有的来球场散步，有的带着小孩儿在球场踢球，加上慕名而来的游客，还有各路主播，共同绘制着热闹的榕江景象。

球场一边是榕江县体育馆，体育馆上方悬挂着三个醒目标牌，分别写着"全国县域足球典型县""中国体操之乡""贵州省体教融合试点县"。球场另一边是主看台，主看台设有直播间、解说席，看台后边悬挂着各球队的队徽、队旗。

夜幕降临后的"村超"球场（高刚 摄）

球场外的高楼上，悬挂着巨型条幅，上面写着"粤黔协作闯新路，榕江融入大湾区"几个醒目大字。

榕江县位于贵州省东南部，属珠江、长江两大水系分水岭区域。全县土地面积 3316 平方公里，辖 20 个乡镇（街道）250 个行政村（社区），总人口 38.5 万人，其中苗、侗、水、瑶等少数民族人口占总人口的 83.9%。

脱贫攻坚战全面收官后，榕江县接续推进巩固拓展脱贫攻坚成果同乡村振兴有效衔接工作。为了支持"黎从榕"（黎平县、从江县、榕江县）等老少边穷地区发展，同步落实《国务院关于支持贵州在新时代西部大开发上闯新路的意见》（国发〔2022〕2 号），贵州省人民政府于2022 年 4 月 21 日下发了《省人民政府关于支持黔东南自治州"黎从榕"打造对接融入粤港澳大湾区"桥头堡"的实施意见》(黔府发〔2022〕7号)(下文简称《实施意见》),提出要大力支持黔东南州"黎从榕"立足资源禀赋,发挥区位优势,用好东西部协作机制,加强区域互动合作,打造对接融入大湾区的"桥头堡",助推全省更好融入国家区域重大战略和新发展格局,培育高质量发展重要增长点,为建设内陆开放型经济新高地探索经验和路径。

《实施意见》提出的发展目标是:到2025年,以黔东南州"黎从榕"为"桥头堡"的综合交通网络基本形成;承接大湾区产业转移示范区建设取得实质性进展,形成一批特色产业、龙头企业和拳头产品;绿色生态优势充分发挥,民族文化、红色文化优势进一步挖掘,供给大湾区的绿色生态产品和文化旅游服务不断丰富,大湾区居民入黔旅游人数大幅增长;营商环境进一步优化,对外开放水平大幅提升,"黔货出山"和外贸外资取得重要突破;教育、医疗卫生、就业等公共服务能力显著增强,大湾区人、财、物等要素在"黎从榕"片区的集聚度明显提升;城乡居民人均可支配收入较快增长。《实施意见》明确了103个重大工程项目、117项重大政策、21个试点示范,这些都是推进"桥头堡"建设的重要抓手。

为全面贯彻落实《实施意见》,中共榕江县委、榕江县人民政府出台了《关于将榕江县打造成为对接融入粤港澳大湾区"桥头堡"主阵地的决定》,从建设东西部理念融合先行地、打造大湾区产业转移承接地、打造大湾区人流物流信息流集散地、建设大湾区优质农林产品直供地、建设大湾区生态康养旅游目的地、打造大湾区开放合作新高地、打造东西部共同富裕样板地等七个方面进行谋划。

如何建设"桥头堡",榕江县有如下一些思考。"桥头堡"是双向的融合，需要共商共建共享。要立足榕江自身的比较优势，双向发力，双向协作，避免一头热，避免大包大揽。要努力把大湾区的人流、物流、信息流、资金流吸引过来，把榕江的优势资源和特色产品转化出去，着力强化"桥头堡"功能，发挥"桥头堡"作用，加快培育高质量发展重要增长点。要突出市场导向，用好民族文化和生态环境两个"宝贝"，以优势互补、项目引进、产业共建为主抓手，主动对接联系，积极争取政策、项目和资金支持，加快创建服务保障大湾区的"菜篮子"基地、物流集散地、游客集散中心，加快打造大湾区产业转移示范区，实现产业的大融合，等等。

总之，融入大湾区，建设"桥头堡"，其路径是双向的。关键就是要考虑如何承接大湾区产业梯度转移，如何把大湾区的发展要素吸引过来，如何把榕江自己的好东西卖出去。

承接大湾区产业梯度转移，就需要立足榕江资源禀赋到大湾区开展招商引资。榕江曾是国家扶贫开发工作重点县，这里发展基础差、底子薄。尽管2020年底全县实现脱贫摘帽，但产业发展仍然滞后。工业以木材加工为主，规上工业企业仅33家，工业基础薄弱，产业不成体系。在招商引资过程中，榕江的干部往往面临两个问题。一是别人不知道榕江。当与"商"对接的时候，经常会被问到"榕江在哪儿""榕江有什么"等问题。二是要素支撑不足。成长性好、技术水平高、效益好的，榕江愿意招，但企业不愿意来；污染大、消耗高、效益低的，企业愿意来，但榕江不愿意招。

榕江发现，融入大湾区，建设"桥头堡"，提升榕江的知名度很重要，要让外界知道榕江。只有先把"梧桐树"种好，才可能引来"金凤凰"。

2. 开辟资源开发新赛道

榕江历史悠久、文化底蕴深厚。 为江南八百州之一，被列为红色革命老区。 明置古州蛮夷长官司，俗称古州。 清雍正八年（1730 年）置古州厅，民国 2 年（1913 年）改厅为县，因县城古榕树繁多，且为都柳江、寨蒿河、平永河三江汇聚之地而得名。 这里红色文化浓厚，1930 年 4 月底，红七军攻克榕江城，这是中国共产党领导的军队第一次在贵州打胜仗，第一次解放贵州的一座县城，第一次在贵州召开庆祝"五一"国际劳动节大会，红七军历史陈列馆被列为全国爱国主义教育基地。 这里诸葛文化源远流长，据《贵州通志·黔中水道考》记载，"州城（古州厅城）旧为诸葛营"，县境内保留有"诸葛台""诸葛洞""卧龙岗""孔明山""孔明塘"等遗迹。

榕江气候独特、生态环境优良。 是国家重点生态功能区、全国水土保持工程建设以奖代补试点县、贵州省生态文明建设示范区、贵州省十大林业县之一。 县域雨量充沛，气候适宜，年平均气温 18.7℃。 空气质量优良天数占比达 100%，负氧离子含量高，饮用水源水质达标率达 100%。 有野生植物 1877 种、野生动物 324 种。 森林覆盖率达74.18%，位居全省第三、全州第一。

榕江民族文化多彩、旅游资源丰富。 是全国首批文化产业赋能乡村振兴试点县、全国县域旅游发展潜力百佳县、中国侗族语音标准音所在地、全国文化先进县、全省文明城市、全省民族团结进步示范县、贵州旅游优先发展区。 有侗族大歌 1 项世界非物质文化遗产、侗族琵琶歌等 11项国家级非物质文化遗产、29 个中国传统村落。 每年有民族民间节日 25个，被誉为"中国民间文化艺术之乡""百节之乡""文化千岛"。

身着各式服装的民族群众在"村超"球场表演（周光胜 摄）

榕江瓜果飘香、物产丰富。这里的西瓜全省知名，锡利贡米、榕江小香鸡、榕江葛根、塔石香羊被列为国家地理标志保护产品；黄金百香果口味极佳，脐橙远销省内外。卷粉、牛（羊）瘪汤、烧鱼、腌鱼、腌肉等特色美食让人流连忘返，被誉为"人间烟火气·云贵小江南"。

如何把好东西推销出去，把比较优势转化为竞争优势，把竞争优势转化为产业优势？榕江的做法是立足"在实施数字经济战略上抢新机"，抢抓贵州省打造"数字经济发展创新区"的重大历史机遇，提出"让手机变成新农具、让数据变成新农资、让直播变成新农活"的"三新农"发展理念，把老百姓培养成"数字新农人"，让"数字新农人"通过新媒体把榕江好产品卖出去，进而实现乡村振兴。

谋定而后动，榕江先是建工作体系。一是成立以县委县政府主要领导为双组长的新媒体电商助力乡村振兴工作领导小组，从各职能部门抽调人员组建新媒体工作专班。在 20 个乡镇（街道）设立新媒体服务中心，250个村设立新媒体服务站，构建县、乡、村三级组织体系。二是成立新媒体协会和网络人士协会，将全县新媒体账号实名纳入中台集中管理，实现人与号绑定，对发布内容进行实时监测，对销售的农特产品、手工艺品开展常态化检查，确保发布内容能量正、保障销售产品质量好。三是出台支持政策。出台了《榕江县支持直播产业经济发展的若干措施（试行）》等政策，在创建直播示范基地、销售额奖励、授信担保、创业贴息、办公用房等方面对新媒体电商产业进行支持。四是设立新媒体电商产业奖补基金。制定《榕江县乡镇（街道）推动高质量发展新媒体考核方案》，对优秀新媒体电商助力乡村振兴的集体、个人进行表扬，积极营造争先创优的浓厚氛围，示范引领聚人才。

同步做好平台建设。把握深圳、佛山、清华大学等对口帮扶榕江的机遇，运用帮扶单位的新媒体电商资源，建设贵州·榕江新媒体助力乡村振兴电商产业园。把电商产业园打造成集人才培训、直播带货、电商公共服务、产品车间、仓储物流等于一体的电商全产业体系。园区已成功引入北京家乡来客、深圳昶安扬、杭州甜甜文化、贵州山呷呷集团、广西千衣文化、北京汇源果汁、湖南华诚生物等40余家企业入驻，推动榕江新媒体电商产业快速升级迭代。2022年，贵州·榕江新媒体助力乡村振兴电商产业园获评省级创业孵化示范基地。

依托乡镇（街道）产业、非遗、自然生态、特色村寨等优势资源，积极搭建乡级新媒体电商直播中心。由县政府统筹提供专业直播设备，开展区域性新媒体电商人才集中培训，形成以县新媒体电商产业园为中心，辐射带动周边乡镇（街道），以点连线、以线带面的发展格

贵州·榕江新媒体助力乡村振兴电商产业园（榕江县政府办 提供）

局。 如忠诚镇新媒体电商直播中心已打造了宰章村"竹筒饭"、王岭社区"家庭小作坊"、锡庆村"西瓜王"、忠诚社区"忠诚茶叶"等特色品牌，带动培养了40余名新媒体宣传骨干，实现"新农人"视频策划、制作、传播推广全链条运转。

在资源优势突出的村寨和场景比较鲜明的合作社打造村级直播点。为村级直播点安装高清摄像头，打造现场互动的直播场景，达到资源实时共享、信息及时传达、直播随时互动的目的。 在建成的村级新媒体电商直播点中，小丹江苗寨的传播运营是比较成功的一个案例。 这是贵州山呷呷集团策划运营的一个点。 集团立足该村苗族风情、风雨桥和清澈见底的河水，策划并拍摄村民戏水、划船等视频，展现小丹江苗寨原生态的生活、优美的自然环境。 通过传播此类视频，让人们感受到夏日玩水的畅快淋漓，激发人们探索的冲动和向往。

这个创新点吸引了大量关注，不到一个星期，就有很多目驾游客因

小丹江苗寨的风雨桥（欧阳章伟 提供）

看到短视频而慕名前来打卡。后山呷呷集团又结合民族风情等创作了其他令人向往的短视频内容，随着内容的不断输出和游客打卡传播，小丹江苗寨在短短三个月时间，就从一个默默无闻的村寨发展到在抖音上引发5000万名网友关注的网红点，位列抖音旅游黔东南好评榜第一名，并登上黔东南旅游收藏榜第二名，而第一名是西江苗寨，第三名是镇远古城，它们都是老牌景区。榕江不仅成功打造不少网红点，也培养了许多网红主播。截至2023年10月，近200位主播拥有1万以上粉丝，15位主播拥有10万以上粉丝。到2022年底，榕江通过新媒体累计销售农特产品超40万吨，带动8000余人就业，线上线下总销售额突破3亿元。①

　　榕江，尝到了新媒体传播的甜头，意识到，在新媒体时代，要通过

---

① 榕江县县长徐勃在榕江县第十八届人民代表大会第二次会议上作的《政府工作报告》，2023年1月5日。

打造县域 IP 品牌、提升县域知名度和要素集聚能力、做"网红"、吸引"注意力",才能创造发展机遇。

3. 打造县域 IP 的五次实践

从 2021 年起,榕江县先后有意识地策划了 5 次城市 IP 塑造活动。

第一次尝试是将侗年与斗牛活动相融合。 2021 年,榕江县以举办侗年节为契机,将侗年节与民俗体育活动斗牛融合在一起,力图打造"斗牛"文化 IP。 侗年节是榕江县"七十二寨"一带侗族的盛大节日,每年农历十月下旬至十一月下旬期间举行。 侗民们会开展各种民间庆祝活动欢庆侗年,对当地侗民来说,其重要性与春节无二。 而榕江本地斗牛倡导"牛斗人和",也被少数民族同胞视为健康、力量、勤劳、搏击、英雄的象征,具有良好的本土群众基础。 在精心谋划下,比赛在可以现场容纳 5 万人的斗牛场——乐里镇七十二寨斗牛场举办。赛事由七十二寨的村民们自发组织,政府开展宣传推广工作。 尽管在疫情期间,也吸引了近 2 万人到现场观看。 但由于斗牛赛事对外地游客吸引力弱,受众面不广,难以吸引外来游客,更不会吸引外界持续关注。 此外,斗牛比赛在整个黔东南州盛行,是老百姓最热爱的活动,逢节必斗,赛事繁多,榕江斗牛很难从中出彩出圈。

第二次尝试是将侗年节与篮球比赛相融合。 同样是在 2021 年的侗年节期间,榕江县又在乐里镇七十二寨斗牛城篮球场举办"大山里的 CBA——首届侗年节篮球邀请赛",赛事吸引了周边村寨以及凯里、从江、黎平等县市的 16 支代表队 200 余人参加比赛。 在"村BA"火爆前,榕江县就在探索"民族文化+篮球赛事"的道路,虽然吸引了全国各地众多游客汇聚,丰富了当地群众的侗年文化生活、增添了节日的喜庆气氛，但由于时间较短，媒体传播也没做到位，没有形成持续的影响力。

第三次尝试是将苗族鼓藏节与特色民宿相融合。苗族鼓藏节是苗族每 13 年举行一次的祭祖盛典，被列入第一批国家级非物质文化遗产名录，其因规模宏大、场面壮观、内容丰富而受苗族同胞喜欢，也被外界广泛关注。2023 年，榕江县准备通过这一活动推介周边民宿，带动旅游产业发展。活动现场热闹非凡，吸引近万名外地游客参加，推动了乡村旅游发展。但纯传统非遗文化缺乏广大受众，而民宿因数量和整体水平有限又难以满足一下子涌入的游客需求。最终鼓藏节只是一时热闹，昙花一现。

第四次尝试是将马拉松比赛与萨玛节相融合。2023 年 3 月，榕江县策划了榕江半程马拉松比赛+三宝侗寨"萨玛节"民间祭萨活动。民族风情巡游、祭萨大典等在这场活动中一一呈现，世界级非遗侗族大歌、国家级非遗侗族琵琶歌等轮番上演，竞技体育与民族文化得到一定融合，吸引了省内外 3000 多人参赛，提高了榕江的知名度，为三宝侗寨景区带来大批游客。但是，活动因时间短暂，也没有形成可持续的传播力和影响力。

第五次尝试是将民族文化与篮球赛事相结合。黔东南州台江县"村 BA"的火爆出圈，又坚定了榕江县再走"民族文化+体育赛事"道路的决心。在吸收"村 BA"经验的基础上，榕江县大胆创新，于 2023 年 4 月举办了"触地即燃"乡村篮球交流赛。杨政、黄宇军、韩曙光、石学念等知名篮球运动员到场参赛，比赛过程穿插民俗表演，奖品也是接地气的本地黄牛。活动吸引了大量观众，借助球星效应，也在互联网上收获较大流量，但关注度未持续升温。

4.用传播思维策划"村超"

在多次尝试中，榕江不断总结经验，分析认为，成效有限主要有三个方面的原因：一是没有将传播思维运用到赛事之中，缺乏系统性策划；二是没有将民族文化、乡土风情与体育赛事进行深度融合，更多的是停留在体育运动层面；三是没有将体育赛事与经济发展紧密关联，缺乏品牌意识。

在总结经验教训的基础上，如何成功打造县域 IP，榕江一直思索谋划。 2023 年 1 月 29 日，榕江车民小学校长杨亚江的一条朋友圈激发了策划者的创意灵感。

欧阳章伟①在回忆"村超"的创意"原点"时是这样描述的："2023年 1 月 29 日（农历正月初八）0 点 15 分，朋友圈一条视频意外地吸引了我，这条视频来自榕江车民小学校长杨亚江，内容是老百姓们在场边敲锣打鼓，八个大汉抬着一头绑着大红花的猪在足球场巡游，并将猪作为奖品颁发给冠军队伍以及奖品（猪）被三轮车拉走的画面。 马上，我就把这个视频转给了王永杰②，还没做任何描述，他就已心领神会。这样接地气且具有仪式感的画面，显然是具有传播效果的，于是我们立即商量，怎么策划把视频推出去。"

他们把讨论后的想法向榕江县领导汇报后，榕江县领导站在更高的维度开始系统思考和战略布局：足球赛制特点恰好弥补了之前探索过程中活动不持续的缺点，足球运动在榕江有着深厚的群众基础，融入浓厚的民族文化、淳朴的民风、特色的美食，再加上品牌策划和新媒体传播

---

① 贵州山呷呷集团有限公司董事长、"村超"IP 策划人、"村超"传播总策划。
② 榕江县新媒体专班负责人，"村超"传播策划者和传播团队负责人。

运营，进行融合式创新大有可为。真正的力量在人民，关键是要打一场人民战争，最大范围发动榕江人民打造一个全民 IP。打开格局，加上系统性布局，就会有好的结局，格局+布局＝结局。

为了验证"流量获取"的可能性，欧阳章伟安排公司员工运用新媒体思维，对杨亚江校长的视频进行重新剪辑加工，并通过其多年积累的媒体资源，于 1 月 30 日上午进行全网传播。这种充满乡土味儿的颁奖仪式和接地气的运动氛围，迅速引发了网友的广泛关注。在网民关注和互动的过程中，"车江足球联赛""村超""寨超"等字眼，开始频繁出现于新媒体平台。

2023 年 2 月 6 日，《中国青年报》头版刊发了关于"村超"的第一篇报道《侗寨里的"村超"联赛》，文章详述了由村民组成的足球队、年猪奖品、民族舞蹈及村民作为啦啦队等特色内容。该报道通过新媒体传播后产生了新一轮的关注热潮。榕江看到了"出圈"的希望。

2023 年 3 月 29 日，榕江县第三届中小学生足球联赛在城北新区体育馆开幕，新媒体团队以此次联赛为契机，用新媒体思维对联赛进行"传播试验"，其核心是特意制造各种"仪式场景"。王永杰认为：只有仪式感的画面才会让人印象深刻和动容。[1] 传播团队将大量镜头放在了每一个小朋友身上，在比赛中不断捕捉精彩瞬间，并采取有话题感的"话术"制作短视频内容。如"会踢球的男孩子真帅""这才是小学生该有的样子""全场最佳女射手上台领奖头发一甩这也太飒了"等等。线下精彩的足球比赛和线上推波助澜式的传播，使校园足球联赛收获了不俗的关注流量。这更加激发了榕江人

---

① 欧阳章伟、王永杰：《"村超"密码》，贵州民族出版社，2024，第 20 页。

民对足球的热情、营造了榕江全民热爱足球的氛围、塑造了榕江深厚足球底蕴的良好形象，把足球与榕江联系在了一起。

榕江中小学班级超级联赛获奖球队（榕江县委组织部 提供）

全县中小学生校园足球联赛牛刀小试之后，2023 年 5 月 13 日，基于传播思维而有意策划的贵州榕江（三宝侗寨）和美乡村足球超级联赛在城北新区体育馆开幕，"村超"正式登场。

二、精彩纷呈的绽放

1. 民族文化热闹开场

"村超"球赛是在周五、周六、周日举行，为了把"村超"做成能吸引外地游客的旅游产品，县领导提出要主推"超级星期六"的文旅品牌，整合资源让"超级星期六"最为热闹。

2023 年 5 月 13 日下午 6 点整，首届"村超"开幕式准时开始。 这也是"村超"的第一个"超级星期六"。 球场内人潮涌动，座无虚席。

月寨村的稻草龙方阵（榕江县政府办 提供）

三声铁炮响起，礼花在空中绽放。 在激昂的运动员进行曲伴奏下，国旗方阵、彩旗方阵、芦笙方阵、月寨稻草龙方阵、足球宝贝方阵、青少年足球王者方阵、裁判员方阵、各代表队方阵、文艺表演方阵依次进场。 各方阵精神抖擞，迈着铿锵有力的步伐缓缓走过主席台，展示着积极向上、热爱生活、阳光健康的新时代风貌。

入场式结束后，现场万余人唱响中华人民共和国国歌、升国旗，雄壮的国歌响彻天空，久久回荡。 随后由榕江县三宝侗学会会长杨超锦致开幕词，贵州省足球协会常务副主席巴连利讲话，裁判员、运动员代表宣誓，榕江县三宝侗学会党支部书记石建基宣布开幕。 紧接着是榕江车民小学足球宝贝齐跳快乐足球舞暖场。 来自三宝侗寨 10 个村的群众演唱侗族大歌《天地人间充满爱》，千支苗族芦笙吹响，民族群众齐跳多耶舞。 一时间，整个球场变身民族文化大联欢舞台。

没有县领导出席和致辞，一切都显得那么"民间"，又很自然而然。

杨芳兰是榕江人，系中国作家协会会员。"村超"开幕当天，她和丈夫都在现场。 杨芳兰当时的判断是："也就是开幕式这个'超级星期六'热闹一阵儿，下个周末肯定悄无声息。"她爱人则认为她不理解榕江人民对足球的热爱，绝对会火到"村超"结束。 杨芳兰与丈夫打赌说："要是火到第三个'超级星期六'，我就每天绕足球场跑 20 圈减肥。"

5 月 20 日是第二个"超级星期六"。 为了证明自己的判断，杨芳兰下午 5 点就吃了晚饭，关了店门，步行去足球场观看"村超"。 据她回忆：才走到新一桥中间，就听到足球场传来人声鼎沸的呐喊声。 进到球场，好不容易找到一个位置坐下，就遇到在贵阳工作专程到榕江看球赛的朋友。 杨芳兰说要请朋友吃榕江牛瘪，朋友说，昨天到忠诚肖家吃的炒瘪，今早在滨江大道牛霸一方吃的汤瘪，刚刚在球场里面，几位热心群众又一人送了一小碗甘香牛瘪吃，现在打嗝都还有牛瘪味儿呢。杨芳兰提议看完球赛去小东门吃濑粉宵夜。 朋友说昨天晚上就迫不及待吃了，味道相当好。 杨芳兰问朋友还有什么没吃过的，让朋友主动告知。 朋友说想吃冰凉粉和冰杨梅汤。 正说话间，几个身穿侗族服饰的小姑娘就用簸箕装来冰凉粉和榕江大西瓜，还有冰杨梅汤，用一次性餐盒打包好，逐一发放给现场的观众免费品尝。

在幸运观众互动环节，杨芳兰还发现，他们在做自我介绍时，有来自荔波、凯里、黄平、毕节等县外的，远道而来的外地人不在少数。

　　到了第三个"超级星期六"时，杨芳兰发现，榕江"村超"已经火遍大江南北，"村超"球场还成为榕江人民周末休闲打卡的必到之地。"村超"获得各大主流媒体纷纷点赞报道，来现场的观众已扩展至广东、广西、湖南、北京、上海等地。更让大家惊奇的是，还有不少金发碧眼的外国姑娘。

韩乔生与杨兵正在解说（黎敬程 摄）

　　第四个"超级星期六"，杨芳兰夫妻俩听说中央电视台原足球解说评论员韩乔生要到"村超"现场解说，韩乔生是他们的偶像。下午才 4 点多他们就到足球场等待，直到所有球队比赛结束才离场。

　　在"村超"现场，除了美食和"名嘴"，还有多彩的民族文化表演。每个"超级星期六"，都有侗族大歌、侗族琵琶歌、苗族芦笙舞、摆王苗族木鼓舞、少儿体操等民族文化表演。璀璨的少数民族文化为"村超"添彩。

文化与"村超"的融合，成为"村超"的典型特征。而如何实现融合与传播，确也有着高超的技巧要求。

王永杰认为：在文化的传播上，要让文化出现在观众身边，被看见被听到被摸到。所以在啦啦队巡游环节和游客零距离互动中，设计了带上美食、文化展演、人物装扮等内容。让啦啦队的成员变成游客身边行走的文化，让游客能够大饱口福和大饱眼福。而这样的场景通过新媒体传播，激发了新奇感，产生了情绪价值。通过文化的传播与互动，让这些平时习以为常、"毫不起眼"的文化被全国的网友认可和点赞，又激发起老百姓的文化自信和文化表达欲望，希望自己的文化更多地被外界看到、被认可。也正是这样的正向激励，激发老百姓不断"挖空心思"地去重拾传统文化、设计文化展演，进一步提升了"村超"现场的精彩文化表达能力。

2."村超"展现足球魅力

2024 年 7 月 13 日晚，2024 赛季贵州"村超"半决赛准时开始。第一场较量在党相村队与车江一村队之间展开。车江一村队是 2023 赛季贵州"村超"冠军，党相村队在 2023 赛季则是四强球队之一。比赛中，党相队战法执行坚决，团队的配合防守和协作推进表现优秀，体能好，速度快，技术扎实，最终党相队以 3∶0 战胜上赛季"村超"冠军车江一村队。

另一场半决赛在东门村队与车江二村队之间展开。东门村队在 2024 赛季中首次组队参赛，球员班底是最近一两年从榕江一中毕业的学生，是一支青年之师。因为刚组队，球员年轻无畏，所以敢打敢拼，从不畏首畏尾。他们在四强争夺赛中以2∶1战胜上赛季"村超"亚军忠诚村足球队，半决赛中又以2∶1战胜车江二村队。东门村队作为"村超"新队伍，成为2024赛季的"村超"黑马。

　　足球场上，黑马的另一面，就是爆冷。这也是足球魅力之所在。2024赛季，除了两场半决赛爆冷，2023年进入八强的平地村足球队、口寨村足球队、小瑞村足球队都无缘八强。

"村超"球员在激烈拼抢（榕江县政府办 提供）

　　体能、速度、战术、帽子戏法、世界波、黑马、爆冷……可能在世界顶级足球联赛才能看到的场景，在"村超"现场都能看到。

　　有网友总结了"村超"的精彩进球：势大力沉凌空抽射直入圆角、力压群雄头球破门、冷静吊射直入死角、行云流水绝妙过人带球入网、声东击西出其不意的脚后跟反射、任意球弯弓射月险入死角、乱中取胜零角度爆射、双脚空中转换的倒挂双钩、气贯长虹一箭穿心的超级世界波……有人评价"村超"的精彩现场："即使放在五大联赛也能引爆全场！"

在"村超"诸多精彩进球中，口寨村队队长杨东能 50 米开外原地停球，踢出的"超远世界波"就是其中一个。这是 2023 年 6 月 19 日，口寨村与车江二村比赛中的精彩进球。

口寨村坐落在车江万亩大坝中部，寨蒿河从村西流过，全村 588 户，2813 人。口寨村不仅交通便捷，更是早在 20 世纪 90 年代就将西瓜种出国门，成为远近闻名的小康村。

口寨村领队杨淮彰从小就酷爱足球，但小时候踢球常要跑到县城古州二小去踢。很多时候也在河边的沙滩上踢球，常常乐不思归。2000 年，凭着对足球的热爱，口寨村几个年轻人相约组建了村里的足球队。队员有在银行工作的杨兵、在凯里工作的杨昌元、在村里做早餐牛意的杨淮彰，还有挖掘机师傅王罗平、在贵阳工作的杨益西、在家送水的杨愉航、在贵阳轻轨工作的杨东能，还有在校的中学生杨愉雷、杨国鹏等。

杨愉航和杨愉雷是亲兄弟，在"村超"赛场上，哥哥杨愉航打左前，弟弟打右前。兄弟俩配合相当默契，被队友们亲切地称呼为大阿扎尔和小阿扎尔。口寨队连胜好几场，杨愉航、杨愉雷两兄弟都踢进了不少球，为球队赢得了荣誉。

杨兵是口寨村第三代足球爱好者，他既是球队教练、"村超"组织者之一，还是现场解说员，被称为"村超"球场上的"行长解说员"。当听到杨兵大声地喊出"这里是苗山侗水，甜甜榕江，欢迎大家的到来！"时，就意味着比赛开始了。他激情四射的解说，特别善于调动现场氛围，成为"村超"赛场上的一大亮点。

忠诚队的董永恒，凭借13轮比赛15个进球的表现，荣膺"村超"射手王，夺得金靴奖，声名大噪，从"卷粉王"变身"董球王"。

"村超"赛场上的明星还有很多，他们凭借着对足球的热爱，默默地汗洒"村超"现场，成就着自己的快乐，也带来魅力无限的"村超"。

3. "村超"传播的方法论

传播是"村超"出圈的发动机。"村超"精彩纷呈的线下活动，为线上传播提供了丰富的素材。科学精准地传播，是"村超"收获800亿流量的关键一环。

要做好传播，首先得构建起高效的传播架构，得有团队。榕江的办法有两点。

一是整合资源。从政府办、文旅局、融媒体中心、新媒体产业专班、各乡镇（街道）、学校抽调相关人员，组建贵州"村超"新媒体传播队伍。据王永杰介绍，在传播团队里，饶文豪是清华大学毕业的高材生，文字和理论水平都比较高；杨健是计划乡副乡长，在政府办跟班，很熟悉榕江情况，善于统筹资源和沟通协调；姚松冰是政府办的文字高手；赵福润是团队大管家，负责专班后勤保障、媒体接待以及新闻线索梳理等工作；杨懿负责媒体素材库的建立和管理；其余人负责每日的视频剪辑工作。拍摄人员是从各个乡镇新媒体服务站抽调的，每周抽调20人，在球场进行划区域定任务的拍摄；王永杰则负责策划和团队管理。这样，策划、文字材料、媒体服务、视频拍摄、视频剪辑等全流程的新媒体人员都基本齐备了。在后期专业技术人员不够的时候，山呷呷公司从事专业航拍和地拍特写的人才以及视频剪辑的人才加入团队，补充团队力量。

二是现场培训，就是明确要做什么，怎么做。比如对于拍摄内容，王永杰会在开赛前从"传播效果"的角度策划50个左右选题，然后召集团队开会，告诉大家自己的策划意图、希望得到的呈现内容等，再头脑风暴，优化创意。王永杰说，"讲每一个策划像讲剧透电影一样"。让传播团队的每一个人知道在做什么，心里清楚要拍什么，以及达到什么样的预期效果。至于现场的拍摄，则规定所有人都用自己手机拍，竖屏，每个视频大概拍10秒，并附简短的文字描述。将所拍视频发送到专门负责剪辑的微信群里，作为素材库供剪辑团队筛选和剪辑。

工作中的传播团队（王永杰 提供）

在具体的传播层面，团队进行了模式创新。用王永杰的话说叫"传播去中心化"。也就是通过建立一个自媒体账号来宣传赛事而不是遵循以前政府做一个活动就要建立一个官方号的方式来进行传播。更进一步说，因为"村超"的定位是"民间"，所以，传播采取"官推民办"的模式进行，建立起"非官方"的传播渠道。这样做的好处是在创作空间、舆论空间、试错成本等各方面都给传播创造了极大的宽松氛围。不用那么"一板一眼，字正腔圆"。基于此，"贵州村超纪实"微信视频号就诞生了。

以"贵州村超纪实"为基础，整合榕江多年培养起来的各类新媒体账号和新媒体人才，形成"1+N"的新媒体传播矩阵。

要发挥好"N"（各类新媒体账号）的传播优势，激励引导和资源共享很重要。通过"命题化"内容创作引导（就是给定"统一话题及拍摄选题"），让各主播在"村超"现场根据规定命题进行视频内容创作，对优异者给予证书和奖金鼓励。通过人海优势在短时间内形成"主题化"的传播矩阵。这样做直接带来了两个方面的效果：一方面，在主账号"1"的引导下，"N"个账号都发布相同主题的内容，就能在网络上形成话题氛围，引起话题讨论，就可能产生"爆点"；另一方面，"N"个账号的主播因身处榕江各个角落，他们创作的内容可以作为供主账号进一步加工的素材，或者为主账号的策划提供一些线索。让"村超"传播能够通过"滚雪球"的方式不断深挖，不断做大。

为了解决"N"的拍摄剪辑技术瓶颈，榕江引入了"村超"推荐官AI剪辑管理系统，账号主体只需要用抖音扫一扫识别二维码，输入自己拍摄的视频后，系统就会自动剪辑视频并形成文案进行发布，大大削减了由剪辑和文案水平所限而在传播上带来的不畅，让技术赋能内容制作，打通瓶颈。

为了扩大传播群体，榕江开展了"全民'村超'全民推广"和"游客也是推荐官"等活动。另外，裁判员、参赛球员、啦啦队、解说员、城管人员、交警、环卫工人、志愿者、文艺工作者、足球协会工作者等群体，他们也从不同的角度观察着"村超"，传播着"村超"，使"村超"传播的"N"不断扩大，共同营造了"村超"的氛围，扩大着"村超"的传播流量。

球迷们举起手机拍摄精彩场景（周光胜 摄）

在自媒体时代，人人都是传播者。"村超"的传播，对"人人"的发动几达极致。

除了短视频推广，网络直播是"村超"的另一个传播渠道。开始的直播是由本地融媒体中心负责。但由于技术力量不够，直播效果不太理想，被称为"一流的氛围，二流的球技，三流的直播"。后通过协调，请到第三方技术团队介入直播，直播效果明显改善。再后来，榕江籍优秀乡贤人士彭西西从上海请来更专业的团队进行直播支持，使"村超"直播达到了一流水平，为"村超"传播提供了强力支撑。

主流媒体仍然是"村超"传播的主流力量。为了利用好主流媒体资源，榕江建立了贵州"村超"媒体联络群，群内有包括新华社新媒体中心、人民日报社新媒体中心、新浪微博等在内的 272 位媒体人。在群内，传播团队会提供一些经过筛选的优质视频，并配基础文案，王永杰称此为"自建生产基地打造流量池"。这样做的好处就是不少优质视频会很快被媒体采用或改编，能迅速取得传播效果。"村超"的传播重新定义了事件主体与媒体的关系，从传统的合作关系变成共创关系。基于共同的价值认可，为了传播好平凡中国人最真实最可爱的一面，各路媒体躬身入局，参与并引爆了"村超"赛事。

精彩的足球比赛，穿插着璀璨多姿的民族文化、现代歌舞、烟花秀等娱乐性元素，加上科学有效的传播推广，使"村超"火了。

三、火爆出圈的硕果

1. 来自各界的一致认可

2023 年 9 月 2 日晚，"2023 年服贸会·多彩之夜"在北京贵荟馆·贵京荟举办，活动由贵州省人民政府、英国驻华大使馆、英国商业贸易部主办，活动的主题是"贵州'村超'相遇英超"。活动的环节之一是英超代表与榕江县"村超"管理中心签署战略合作备忘录。

英超，是一个拥有 30 多年历史、欧洲足球五大联赛之一的顶级职业联赛。其在 188 个国家和地区进行转播，覆盖 8 亿户家庭。如此顶级的职业联赛，认可"村超"，愿意与"村超"联姻，在榕江县领导看来，主要有三点原因。一是"村超"有超级强大的流量。数据显示，截至 2024 年 10 月，"村超"系列赛事全网浏览量超 850 亿人次；二是

"村超"代表与英超代表签署战略合作备忘录（欧阳章伟 提供）

"英超"基于成熟的运作体系，完全有资格成为"村超"的老师；三是两者气质上的契合，这也是更重要的一点。

除了与"英超"联姻，2024年，法国青年代表队、利比里亚社联足球队等国外球队相继来访。欧洲金球奖得主欧文与"村超"球迷进行线上互动，称"'村超'是中国基层足球和基层体育的优秀代表"。2024年5月27日，集世界足球先生和金球奖两大顶级个人荣誉于一身的卡卡空降"村超"，参加了"逐梦"冠军公益赛，感受到了"村超"氛围后说："这样的场景跟巴西十分相像，足球伴随着我们的成长过程，我们就是在家乡的沙滩上，与朋友一起开心地踢球。"[1]2024年6月1日，世界足球先生、欧洲金球奖得主、意大利著名球星卡纳瓦罗亲临"村超"现场开球。在"引进来"的同时，"村超"凭借其影响力也

---

① 公兵、许仕豪、罗羽、周宣妮：《"朋友圈"不断扩大"村超"做对了什么？》，《贵州日报》2024年6月4日，第3版。

积极"走出去"，如榕江9名学生获得了到西班牙皇家马德里足球俱乐部交流访问的机会。"村超"被注入越来越多的国际元素，以体育为媒，推动着中国体育的国际交流。

比赛结束后的烟花秀（榕江县政府办 提供）

因为"村超"，榕江县领导受邀参加博鳌亚洲论坛2024年年会并做交流发言。 榕江县领导在致辞中提到，"村超"不止于足球，"村超"是以乡村足球为媒，用民族文化搭台，让经贸产业唱戏，用数字媒体创新推动的现象级文化传播品牌。 核心是传播，传播平凡人物真善美的感人走心故事，通过快乐"村超"的品牌载体传播中华优秀传统文化中最向上、最向善、最向美的正能量。 不仅在博鳌亚洲论坛上亮相，榕江还作为全国唯一参会县受邀参加第三届"一带一路"国际合作高峰论坛智库交流专题论坛，以及由商务部主办的2023年全国电子商务大会、央视新闻主办的"'县'在出发"大型融媒体行动等 16 次国家级的会议或活动。

因为"村超"，榕江获得了诸多荣誉。"村超"先后入选 2023 年抖音热点事件、抖音《美好乡村案例集》、2023 年中国旅游产业影响力案例、2023 年中国公共关系优秀案例、首批群众"三大球"精品赛事案例、2023 年国庆假期体育旅游精品线路、2023 年抖音热点十大旅行目的地、全国首批"5G+智慧旅游"应用试点项目，上榜 2023 年度中国十大流行语、2023 年度十大新词语、2023 年度乡村振兴十大新闻、贵州省十大体育新闻。

因为"村超"，榕江获评"全国首批文化产业赋能乡村振兴试点县""全国县域旅游发展潜力百佳县""'四好农村路'全国示范县""全国以工代赈工作积极主动成效明显县""国家级药品安全巩固提升行动基层联系点""中国民族生态餐饮文化名城""2023 年中国西部文旅新榜样"，入选"第四批国家农业绿色发展先行区创建名单"，这些都是"国字号"的金字招牌。 另外，还获得"贵州省体教融合试点县""第四批省级夜间文化和旅游消费集聚区""贵州省生态文明建设示范县"等 6 块省级招牌。

习近平主席在二〇二四年新年贺词中点赞"村超"："'村超'、'村晚'活力四射……诠释了人们对美好幸福的追求，也展现了一个活力满满、热气腾腾的中国。"①这是对"村超"的肯定，说明"村超"的路子是对的。

---

① 《国家主席习近平发表二〇二四年新年贺词》，中国政府网，2023 年 12 月 31 日，https://www.gov.cn/gongbao/2024/issue_11086/202401/content_6924967.html。

2. "村超" 撬动榕江现代化

"村超" 火了，除了 800 多亿流量和社会各界的广泛关注，还有人流及人流带来的 "超经济"。

每逢 "村超" 的 "超级星期六"，整个榕江县城都在沸腾。 正式比赛是下午 6 点开始，但为了抢位置，从上午开始，就陆续有人进入球场，到中午的时候，球场已经坐满了观众。 接着，跑道上便站满了人。 一个可以正常容纳 2 万人的球场，要挤进 6 万人左右。 即使这样，热心的球迷还在往里挤，就是为了感受现场的氛围。 场内达到 7 万人时，就要限流，只出不进。 据说，有的球迷，为了不 "丢失" 位置，配纸尿裤进场。

"村超" 球场外的美食区（榕江县政府办 提供）

球场外，依然人山人海。 通往 "村超" 现场各条大道上的车在缓缓移动，人们还在陆续前往。 街边是一望无际的小食摊，卖的都是榕江各类特色美食。 这是政府为了支持当地村民发展，专门规划的美食摊位，愿意出摊经营的榕江人，采取报名抽签的方式免费获得。 美食经营主要有两条要求：一是食物要干净卫生、货真价实；二是食物不能随意涨价。

丰乐村瓜农、人称"西瓜妹"的熊竹青，她经营的榕江西瓜又脆又甜。 她评价说："以前几天才能卖完的量，现在几小时就抢空喽！ 最多的一晚上，能卖三四千块钱。"

村民在"村超"现场展示榕江西瓜（周光胜 摄）

除了农特产品卖到脱销，火爆的还有酒店、餐饮店。 2023 年 5 月以来，榕江抢抓"村超"出圈机遇，依托"村超"品牌影响力，深入挖掘"村超"赛事的文旅价值和消费潜力，聚焦旅游六要素，衍生发展"超好吃""超好住""超好行""超好游""超好购""超好玩""超好招"等"超经济"，推动农文旅体商融合发展。

"超好吃"方面。 做好"村超"球场周边、锦州新城、大河口码头、常驰广场、汇龙广场和古州古街等美食街区业态的合理规划和布局，共计2200余个摊点。用好"中国民族生态餐饮文化名城"区域公用品牌，打造粤黔美食一条街、体育美食夜市街和民族特色小吃一条街，推动生态特色美食业快速发展。

"超好住"方面。持续增加酒店建设，完善县内酒店配套设施，引导游客到乡村精品民宿打卡，设置多个房车营地、露营基地。"村超"开赛以来，新增113家住宿业市场主体，床位数从5958个增长至10190个，多渠道满足游客住宿需求。2023年，全县住宿行业入住率为83.2%，"村超"比赛日入住率达100%。

"超好行"方面。开通"村超"公交专线，用好国家铁路局帮扶机遇，争取到停靠榕江站的动车由22列增加至40列。在城区科学规划了1.2万余个"村超"停车位，比赛日免费开放机关企事业单位停车位和公共停车场。2023年"村超"赛事期间，榕江高铁站客流量达308010人次，同比增长98.02%；通过高速公路入榕车辆343524辆，客流量达1580210人次，同比增长46.1%。

"超好游"方面。制作和发布各类打卡旅游攻略，加强与贵阳、镇远、西江、台江、荔波等周边著名景区联动，共同推出"中国乡村旅游1号公路"精品旅游线路，推动全域旅游发展。2023年，全县累计接待游客765.85万人次，同比增长52.16%，实现旅游综合收入83.98亿元，同比增长73.94%，过夜游客316.11万人次，带动夜间消费收入5.86亿元，同比增长253.2%。

"超好购"方面。线上开设"村超"农产品商城，线下设立农特产品展销区和贵州"村超"专营店。成立重点文创企业（非遗工坊）12家，开发200余款具有"村超"元素的特色非遗文创产品，宣传推广农特产品和蓝染、蜡染等传统手工艺品。建立"看村超游贵州"预约平台，提供赛事预约、酒店、民宿、美食、"村超"甄选等服务。 2023年，全县销售农产品4198万吨，农产品线上线下销售额达6.26亿元，农产品网络零售额达4747.99万元，同比增长112.42%，增速排全州第1位。

"超好玩"方面。 新建多座游乐园，设置特色标志物，打造网红打卡点，为游客提供高品质的游玩体验，促进旅游消费。 策划发起"我要上村超""带着非遗来村超""来村超约场球""村超解说大赛"等"快乐村超吃喝玩乐"2.0版本的新玩法，让更多游客有参与、有体验。

"超好招"方面。"村超"火爆之后，榕江用好"村超"金字招牌招商引资，聚焦大湾区等重点区域，采取联名、授权、冠名等方式选商择资，引进知名品牌、龙头企业落地榕江，发展实体经济。 引进广州中旭未来、深圳闪光电子、深圳德润达光电、湖南华诚生物、南山婆集团、青岛安美瑞、贵州青酒等多家优强企业落地。 与百度、索尼、中国航油集团、奇瑞集团、携程集团、伊利集团、蒙牛集团、汇源集团、深圳巴斯巴、深圳天盛物联、志辉食品、中智游等多家企业达成品牌合作。

"村超"带来的"超经济"，数据还在不断更新。

"村超"
闯新路

第二章

"村超"从历史中走来

　　在榕江，民间流传着"想找工作不发愁，先要学会踢足球""想找对象不发愁，赶快学会踢足球"的说法。说明足球运动在多年的传承中已深度融入榕江人民的生活。这为榕江能够做"村超"、老百姓愿意参与"村超"奠定了最为厚重的历史底蕴。

"村超"
闯新路

历史地看，"村超"在榕江产生并非偶然。古代的榕江被称为"古州"，这里曾经百舸争流、川流不息，被誉为"黔省东南锁钥"。这里自古教育繁盛，民族文化多彩且包容性强，各民族极富运动精神。抗战时期，国立贵州师范学校、广西大学内迁榕江，给榕江带来了足球运动，足球逐渐成为榕江人民喜爱的体育项目，村寨间组织足球赛事渐成榕江重大节日的必备节目。在玩足球的实践中，为了更好玩儿、更快乐，榕江人民创造性地把民族文化、乡村特产等与足球进行深度融合，这些都为"村超"在榕江诞生奠定了厚重的历史底蕴。

一、古州往事

1. 神秘苗疆

榕江自古是苗疆秘境，原属古州，古州之名，古已有之。据《新元史》，元至元二十年（1283年）置古州八万军民总管府[①]，元至治二年（1322年），改总管府为上黎平长官司[②]。另据《贵州图经新志》，

---

① （民国）柯劭忞等撰《新元史卷51~卷71》，余大均标点，吉林人民出版社，1998，第1321页。
② （民国）柯劭忞等撰《新元史卷51~卷71》，余大均标点，吉林人民出版社，1998，第1323页。

"（古州）在（黎平）府城西北八十里。 元置古州八万蛮夷长官司，属都云定云等处安抚司。 本朝改古州蛮夷长官司，属思州宣慰使司。 永乐十一年，改今属，编户二里"①。 另据《明会要》，改置古州蛮夷长官司的具体时间是明洪武三年（1370 年），到永乐十一年（1413 年）贵州建省后，古州司属黎平府管理，此后一直属黎平府管辖。

但此时的古州司管辖地称为外古州，并未达及今天榕江一带。 榕江一带被称为里古州，属化外之地，未被正式纳入国家管理，其居住者多是不通汉语、不纳赋税的"生苗"群体，是鲜为人知的苗疆秘境。 苗疆是一个多民族聚居的区域，历代中央朝廷因为势力未能深入，采取羁縻的间接统治。 元代设立土司制度以后，朝廷的势力稍微靠近了苗疆边界，但也只是在苗疆周围进行"防守"。

到了清代初期，这样的境况仍未发生大的改变。 康熙年间，康熙皇帝亲自主持绘制《皇舆全览图》。 从康熙四十七年（1708 年）开始，至康熙五十七年（1718 年）结束，历经十年，在法国国王路易十四的支持下，运用当时世界上最先进的测绘技术，绘制完成自古以来最精确、最全面的一幅中国地图。 但令人遗憾的是，因为是生苗区，地图测绘人员无法进入今榕江一带，在地图上留下了大片"生苗区"的空白地带。

2. 开辟新疆六厅

雍正四年（1726 年），鄂尔泰在《改土归流疏》中这样描述："苗疆四围几三千余里，千三百余寨，古州（今贵州榕江）距其中，群寨环其

---

① （明）沈庠修、（明）赵瓒等纂（弘治）《贵州图经新志》,赵平略、邢洋洋、赵念、吴春燕点校，西南交通大学出版社，2018，第 131 页。

外……遂成化外。"①此时榕江地区仍处于几乎与世隔绝的状态,非常便捷的水路交通被阻断,极大阻碍了贵州与外界的交流。 因此,雍正皇帝下定决心,改土归流,打通内地与西南民族地区之间的壁垒。

雍正年间,"在我国云南、贵州、广西、四川、湖南、湖北等少数民族聚居地区,自上而下地进行了大规模改土归流,将这一地区直接纳入了中央王朝的统治之下,实现了对西南地区有效的控制"②。 贵州被全面纳入中央管辖,奠定了今日贵州的基础,改土归流是继明初建省后对贵州产生重大影响的决策。

从雍正六年(1728年)到雍正九年(1731年),在云贵总督鄂尔泰的建议下,贵州采取武力手段开拓苗疆,先后"开辟"了古州、八寨、台拱、都江、丹江、清江等六厅,其中古州厅属黎平府,八寨厅、都江厅、丹江厅属都匀府,清江厅、台拱厅属镇远府。 其政区地域相当于今黔东南苗族侗族自治州的榕江县、丹寨县、台江县,剑河县、雷山县,以及黔南州的三都水族自治县东部。 苗疆正式被纳入国家统治范围,与外界的交流交往日益增多③。 苗疆平定后,鄂尔泰向朝廷上奏《全定古州苗疆疏》,描述了初入版图的古州景象:"地方辽阔,延袤几三千余里,民苗稠密,聚处一千三百余寨。 诸葛营既控其中,群苗寨复环其外;左有清江,北既可达楚城,右有都江,南亦接连粤境。"④此后汉文化逐渐传入苗疆。

---

① (民国)赵尔巽等撰《二十五史全书·第10册清史稿》,内蒙古人民出版社,1998,第527页。

② (清)方显著,马国君编著《平苗纪略研究》,贵州人民出版社,2008,第267页。

③ 史继忠:《贵州行政建置的演变与中国多民族国家的形成》,《贵州民族大学学报》(哲学社会科学版)2018年第1期。

④ (清)鄂尔泰等修,(清)靖道谟、杜诠纂,张祥光点校(乾隆)《贵州通志》(全四册),贵州人民出版社,2020,第1475页。

3. 古州厅事

雍正七年（1729 年），贵州巡抚张广泗开辟古州各寨生苗地，随即建古州厅。　首任古州厅同知①滕文炯建土城。　土城所在地即今古州镇所在地，原名诸葛营，相传因诸葛亮南征在此建营，得名"诸葛营"。　榕江有很多与诸葛亮有关的地名，如"诸葛台""诸葛洞""诸葛城""卧龙岗""孔明山""孔明塘"等。　自雍正七年起，古州建城迄今已近 300 年。

乾隆十年（1745 年），同知刘极将土城扩建为石城。　城有南门、北门、西门、大东门和小东门。《古州厅志》载："岗峦四绕，三江萦环，襟带楚粤，生苗巢穴。　为黔省东南锁钥，新疆（苗疆）第一要区"②。

道光十三年（1833 年），古州厅学宫建于北门内城头岭③，古州自此有了自己的学校。

道光十六年（1836 年），张锳出任古州同知。　道光十七年（1837 年），张锳之子张之洞在贵州出生，张之洞后官至两广总督、湖广总督、两江总督（署理）、体仁阁大学士、军机大臣等，与曾国藩、李鸿章、左宗棠并称"晚清中兴四大名臣"。

道光二十五年（1845 年），晚清经学家、"晚清宋诗派代表作家"④、西南巨儒郑珍出任古州厅训导，兼掌榕城书院。　郑珍一到古

---

① 同知，明清时期的官名。　同知为知府的副职，正五品，因事而设，每府设一二人，无定员。　同知负责分掌地方盐、粮、捕盗、江防、海疆、河工、水利以及清理军籍、抚绥民夷等事务，同知办事衙署称"厅"。
② 黄家服主编《中国地方志集成·贵州府县志辑 19 乾隆开泰县志 民国八寨县志稿 光绪古州厅志 民国施秉县志 同治苗疆闻见录》，巴蜀书社，2006，第 292 页。
③ 黄家服主编《中国地方志集成·贵州府县志辑 19 乾隆开泰县志 民国八寨县志稿 光绪古州厅志 民国施秉县志 同治苗疆闻见录》，巴蜀书社，2006，第 345 页。
④ 钱仲联、钱学增选注《清诗三百首》，东方出版中心，2020，第 328 页。

州，便有学子慕名而来，使古州成为黎平府的文教中心。 黎平府的胡长新是郑珍在古州识拔的高材生①，道光二十七年（1847 年）考中讲十，后任贵阳府学教授、铜仁府学教授。郑珍倡导"有教无类"，只要热爱读书，皆可就学。 以编灯笼为生的刘子璱（之琇）颇有诗才，是郑珍的学生，他曾为该生作诗一首勉励："华亭萧木匠，富水李衣工。 诗并传当世，生今继此风。"②在古州时，郑珍著有《论诗示诸生时代者将至》《古州北门外大榕树歌》《携诸生游卧龙岗饮抱膝亭》等多首诗歌，流传至今，是榕江宝贵的人文财富。

　　随着汉文化传入苗疆，古州先后建有西山书院、文峰书院、榕城书院、龙岗书院，文教日渐兴盛。 乾隆五十四年（1789 年），古州考取第一个举人吴洪仁。 道光二十四年（1844 年），古州考取第一个进士，也是唯一的进士俞辅廷③，官至广东信宜县知县。 至清末，古州考取进士 1 人，举人

俞辅廷殿试卷局部

（原卷藏于美国加州大学洛杉矶分校图书馆）

① 李独清:《洁园集》,云南人民出版社,2013,第 228 页。
② 李独清:《洁园集》,云南人民出版社,2013,第 223 页。
③ 贵州省文史研究馆点校《（民国）《贵州通志·学校选举志》,贵州人民出版社,2008,第 394 页。 该书将余辅廷记为俞辅建,有误。 查美国加州大学洛杉矶分校图书馆藏俞辅廷殿试卷可知,应为俞辅廷。 该书统计了贵州考取进士人员名录,可知俞辅廷是古州（今榕江）唯一一位进士。

（含武举）13人①。

美国加州大学洛杉矶分校图书馆藏有俞辅廷参加道光二十四年（1844年）殿试的试卷。据试卷信息，俞辅廷有曾祖父俞源、祖父俞梁、父亲俞炘。另据《古州厅志》，俞氏在古州有憩园，园内有介寿轩，惜今已不知在何处。俞辅廷作为古州第一个出省做官的地方先贤，标志着榕江已从封闭走向开放，走向交流与融合。

民国2年（1913年），废古州厅，置榕江县，沿用至今。

二、现代足球进榕江

1. 榕江现代教育的推行

光绪二十九年（1903年），由张百熙、荣庆、张之洞拟定的《奏定学堂章程》（也称"癸卯学制"）开始施行。这是中国近代第一部由国家颁布并在全国施行的学制章程，中国近代学制正式建立。癸卯学制横向分普通、师范、实业三种，纵向分初等教育、中等教育、高等教育三级，标志着中国教育实现了"从传统精英政治教育转向近代意义上的义务教育和专业教育"②。

光绪三十一年（1905年），清政府召谕"立停科举，以广学校"。光绪三十四年（1908年），创办古州师范传习所，但很快停办。宣统二年（1910年），贵州巡抚委托傅良弼（留日学生，贞丰县人）到古州

---

① 贵州省榕江县地方志编纂委员会编《榕江县志》，贵州人民出版社，1999，第743页。
② 潘懋元主编《中国高等教育百年》，广东高等教育出版社，2003，第22页。

创办新学，废学官训导，将厅城书院、义学和私塾合并，称古州厅开明学堂，原私塾和义学教师选择留用。同期，寨蒿、平永亦各设一所初等小学堂。

民国元年（1912年），开明学堂改称古州厅高、初两等小学堂。次年古州厅改为榕江县，学堂改称榕江县高、初两等小学堂。民国5年（1916年），榕江县将高、初两等小学堂改名为榕江县高、初两级小学，另创办车江简易小学。次年，创办县立高、初两级端本女子小学①。民国25年（1936年），榕江县第一所师范学校——简易师范学校成立。到民国27年（1938年），龙岗小学改为城区小学，端本女子小学改为城区女子小学，全县先后兴办的小学有9所。到民国32年（1943年），全县共有各类小学67所。② 民国33年（1944年），榕江县第一所中学——榕江县立初级中学成立。

随着现代学校教育的推行，教学体系中出现"体育"课程，现代体育逐渐发展、普及。

2. 榕江现代体育的发展

榕江现代体育的发展与抗战时学校内迁有关，最早迁入榕江的外地学校是国立贵州师范学校。国立贵州师范学校的前身是青岩乡村师范学校（简称"青岩乡师"），创办于民国24年（1935年），是一所以招收少数民族学生为主的乡村师范学校。位于贵阳市青岩，后更名为贵

---

① 贵州省榕江县地方志编纂委员会编《榕江县志》，贵州人民出版社，1999，第745页。
② 贵州省榕江县地方志编纂委员会编《榕江县志》，贵州人民出版社，1999，第746页。

国立贵州师范学校在榕江

（图片来自政协榕江县文史研究委员会编《榕江文史资料
（第一辑 教育专辑）》，1985）

州省立贵阳乡村师范学校。 民国28年（1939年），黄质夫出任校长。
他是中国乡村教育先驱之一，民国13年（1924年）从国立东南大学毕
业后，即投身于乡村师范教育事业。

黄质夫认为乡村师范应该办到乡村去，开发边疆，因此决定将青岩
乡师搬出贵阳。 经过勘察，黄质夫将校址选在榕江，因为这里是三江

汇合地,"上达三都,下通柳州,交通比较方便,更为可贵的是榕江拨赠校舍及大量田土荒山,可作校办农场"①,而黄质夫的办校理念就是"建校即建国、教育即生活、生活即生产",要通过劳动进行教育,广阔的农场是黄质夫最需要的。民国 29 年(1940)1 月,青岩乡师分三批迁到榕江。

学校迁到榕江后不久,更名为"国立贵州师范学校"(简称"国师"),直属教育部边疆教育司,经费由国库拨发②,学生学费、食宿费用全免。因为是公费学校,又正值抗战,贵州作为大后方,有大批学者涌入贵州,使学校拥有较强的师资力量。生源质量也很好,都是全省成绩优良的少数民族学生及少部分汉族学生。学生不仅来自贵州,也有湖南、广西等省区的学生。

国立贵州师范学校是榕江县迄今唯一一所教育部直属学校,一直在榕江办学,至 1949 年停办。1951 年与县中(榕江县级中学)合并,组建为新的贵州省榕江中学。

一直以来,榕江县没有大的运动场。民国 29 年(1940 年)上半年,国师开展建校劳动,修建了教学大楼、校舍、食堂等,同时修建了一个大操场,成为榕江县重要的体育运动场所。民国 30 年(1941年),国师在榕江建国立贵州师范学校附属小学(现榕江县古州镇第二小学),首建第一个综合体育运动场(古州二小操场)。民国 33 年(1944 年)秋,榕江县立中学(原中正小学校址,县教育局一带)建有田径场 1 个,篮球场 1 个并兼作排球场,各区中心小学亦辟有简易

---

① 政协榕江县文史研究委员会编《榕江文史资料(第一辑 教育专辑)》,1985,第 32 页。
② 王文岭、黄飞主编《黄质夫乡村教育文集》,东南大学出版社,2017,第 41 页。

篮球场。①榕江县运动场所日渐增多，民众开展体育运动的积极性日
益增强。

3. 现代足球运动进榕江

民国 29 年（1940 年）秋，由社会各界捐助，榕江县政府举办全县
首届体育运动会。 运动会历时 3 天，有县机关、国师、城乡各小学及
乡镇业余体育爱好者 200 余人参加，吸引大批民众前往观赛，体育运动
开始进入民众视野。

民国 30 年（1941 年）秋，榕江县政府和国师联合举办田径、球类
运动会，参赛运动员有 200 余名。

民国 33 年（1944 年）10 月，为躲避战乱，国立广西大学由桂林迁
至榕江，同时迁来的还有国立桂林师范学院（后迁往福泉）、广西汉民
中学、广西私立德智中学、桂林儿童保育院等。 当地民众对广西大学
迁来非常欢迎，纷纷腾出会馆、仓库、祠堂等一切可用之地，支持学校
教学。 广西大学在榕江办学不足一年，没有建校舍，仅在两湖会馆设
置教室，也没有自己的运动场所，很多体育课就安排到国立贵州师范学
校的运动场上。 在众多体育运动项目中，足球便是其中一项。 学校间
偶尔也会开展足球比赛，现代足球运动开始进入榕江。 当时的国师运
动场上，一旦有球赛，常常聚满围观的群众。

民国 37 年（1948 年）秋，榕江县在城关举办小学生秋季联合运动
会，全县完小以上学校选派运动员 150 人参赛，比赛项目有田径、足球
等，足球逐渐为榕江人民所了解。

───────────

① 贵州省榕江县地方志编纂委员会编《榕江县志》，贵州人民出版社，1999，第 867 页。

三、榕江足球运动的兴起

1. 足球运动在校园推广

1951年2月，榕江县政府将国师和县中（榕江县级中学）合并，组建为新的贵州省榕江中学，县长李玉怀兼任校长①。 学校设在国师原来的校址（现古州二小及周围）。 教师、学生由两校转过来，学校有中师部、初师部和初中部，7个班学生近400人，学校提倡德、智、体、美全面发展，很重视体育运动的开展。

1952年，榕江中学把原国立贵州师范学校运动场扩建成长约120米、宽60米，可进行田径、篮球、足球、体操等项目比赛的全县最大的体育运动场。

从1950年代起，足球运动就在榕江中小学兴起，一批专业能力较强的教练接力推动了榕江县足球运动的发展。

穆学海老师经常组织学生开展足球比赛，鼓励学生踢球，1952年调离榕江。

崔友善来自北方，身材高大，精通英语。 1953年调入榕江中学，在学校里上英语课、体育课。

李美华毕业于贵阳师范学院体育系，1958年被分配到榕江中学工作。

史家德于1962年从云南分配到榕江中学工作，成为榕江中学的足球教练。

---

① 政协榕江县文史研究委员会编《榕江文史资料（第一辑 教育专辑）》，1985，第178页。

随着经济社会的不断发展，榕江中学逐步发展壮大，学生一年比一年增多，原来的校舍、教学楼等已经不能满足教学需求。1960年，学校选择西门坡（卧龙岗）的一块平地修建一幢三层砖瓦结构的宽大教学楼，同时修起一个新的足球场（现榕江民中足球场），进一步推动了榕江足球运动的开展。

1958年，李美华到榕江中学后，即开始组建校足球队。

1959年，榕江成立少年儿童业余体育学校（简称"少体校"），开设足球班。周靖成为少体校的首任足球教练。周靖在民国时期是古州城内中正小学教师，曾到国师和广西师范大学学习足球技术和规则，后回到中正小学开展足球训练。

1962年，古州二小迁至今址，增设各项设施，并将足球场地辟为基本符合标准的比赛场地。古州二小师资、场地条件较好，1962年8月被省、州定为体操、足球传统项目学校。古州二小组建少年足球班，以该校学生为主体。周靖在20世纪六七十年代任二小少年足球班教练员，一共带过4批学员，培养了一批优秀足球运动员。

2. 榕江足球的荣耀

1958年，黔东南州第一届运动会在镇远举行，榕江足球队出战，取得第三名的好成绩。

1965年，榕江足球队出征在天柱县举办的黔东南州中学生足球运动会，最终夺得冠军。

1971年12月，黔东南州中学生足球赛在古州举行，当时足球还未普及，参赛单位只有黄平、凯里、天柱、榕江 4 个队，榕江队获第一名。①

1976 年黔东南州少年足球选拔赛榕江代表队留影

（图片来自榕江县人民政府网）

1972 年，榕江代表黔东南州组队前往贵阳参加足球赛，榕江中学足球教练史家德担任总教练、总领队，队员由榕江一中、一小、二小、三小学生共 18 人组成。同年，陈勇、伍飞等代表黔东南州出征在安顺举行的全省青少年（小学组）足球赛，表现突出，《贵州日报》以"贵州小猛虎"为题对陈勇进行了报道。在 70 年代的榕江足球队队员中，还有周家足、高家育、黄加望影响较大。

---

① 贵州省榕江县地方志编纂委员会编《榕江县志》，贵州人民出版社，1999，第862 页。

1976 年 2 月, 榕江县少年足球队参加在贵阳市云岩区举行的全省少年足球运动会。 同年, 榕江县足球队赴天柱县参加黔东南州足球选拔赛。

1978 年, 榕江县少年足球队与黔东南州直少年足球队联合组队出席在兴义举行的贵州省少年足球运动会。

四、榕江足球运动的发展

1. 足球从学校推广至社会

20 世纪 80 年代, 榕江县一改只有主管部门组织开展足球赛的做法, 倡导群众体育群众办、社会办, 单位和部门联办的机制。 几年下来, 足球运动在城关地区和部分村寨形成全社会关注的热点, 足球运动深入人心。 榕江民间有"想找工作不发愁, 先要学会踢足球"的说法, 足球踢得特别优秀的青年, 可以通过选拔直接进入企事业单位。足球还成为社会倡导的择偶标准, "想找对象不发愁, 赶快学会踢足球"的标语张贴在户外。①

1983 年, 榕江女子足球运动开始起步。 5 月 16 日, 榕江一中初中部组织两支女队进行首场表演赛, 围观者甚众。 8 月, 县体委、县妇联联合举办榕江县第一届女子足球赛, 榕江县党政机关组建的第一支女子足球队, 与榕江县一中、二中、少体校组建的女子足球队角逐, 引起轰动, 周围的居民把足球场围得水泄不通。

1984 年, 在榕江县举行的黔东南州中学生"三好杯"足球赛上,

① 杨芳兰:《我与榕江足球的情缘》(内部资料), 榕江县人民政府办公室

榕江一中足球队代表榕江参赛,夺得男女队双冠军。 同年,榕江队代表黔东南州参加全省中学生"三好杯"足球赛,取得男足全省第三、女足全省第五的好成绩。

1986 年 12 月,榕江县举办首届民间足球赛,各街道居委会共有 6 支队参赛。

1987 年 9 月,由县工商局赞助,县体委举办"古州杯"足球赛,县直党政群、农林水、工建交、财粮贸、文教卫等系统以及中等学校共 12 支足球队参加。

1988 年 12 月,由县电站赞助举办"光明杯"足球锦标赛。

1989 年 8 月,榕江足球爱好者自发成立榕江足球协会。 10 月,足协自筹资金组队赴凯里参加"足协杯"竞赛并捧回金杯。 凯旋时,古州群众自发组织燃放鞭炮迎接,运动员们高举奖杯绕城一周以示庆贺。

1990 年 8 月,榕江县举办"迎亚运"足球赛。

1991 年 1 月和 9 月,分别举办"迎春杯""足协杯"足球赛。

1993 年 12 月,由县印刷厂赞助举办"榕印杯"足球锦标赛。

2. 足球火起来

据《榕江体育志》记载,1990 年 1 月,由榕江县体委主办的"榕城杯"足球赛 16 支代表队 294 名运动员参加角逐,现场观众 4 万余人。如此规模的参赛队伍和观众人数可谓盛况空前,刷新了以往榕江足球赛事观众人数的最高纪录。

1991 年 4 月,"榕城杯"足球赛期间,除正规比赛外,民众也自发组织了足球对抗赛和挑战赛。《贵州日报》4 月 24 日第一版以"古州镇上的足球热"为题报道了这一赛事,称"满城足球'游击队'与

19 支'正规军'争夺'阵地'",对榕江城关职工足球运动作了详细的描写。除了正规的 19 支足球队外,还有不少自发组成的业余足球队,群众性体育活动越来越活跃,"足球尤其在古州镇深受群众喜爱"①。

1993 年冬,榕江热爱足球运动的个体老板贺国家找到县体委,请求由他个人出资承担赛事所有开支,举办一次全县性足球赛。1994 年 2 月,榕江县首次由个人全额资助的"贺国家杯"("迎春杯")足球锦标赛在榕江简易的足球场上开赛,10 余支足球队在赛场上奋力拼搏,气氛火热,数万人观看。

五、榕江足球运动的兴盛

1. 乡村足球联赛的出现

20 世纪 90 年代,在榕江县城内只有城关二小和榕江一中(现榕江民族中学驻地)两个足球场,但是榕江一中的球场建在山坡之上的卧龙岗,很多时候不对外开放。想踢足球,只能到二小足球场。二小足球场用沙子和煤渣铺地,条件简陋。这唯一的足球场地,还会被其他长跑、短跑和无数爱好足球运动的人们聚满,不敷使用。

车寨坐落于榕江三宝坝区寨蒿河流域车江段下宝寨的岸边,车江一、二、三村都居住在这个寨子里,有近千户侗族人家,被人们称为"千户车寨"。寨上青年人热爱足球运动,但苦于当地没有足球场,需到城关二小足球场和西门坡的榕江中学足球场踢球,路途较远,有许

---

① 《贵州县情》编辑委员会编《贵州县情(下)》,中国统计出版社,1992,第 1687 页。

多不便。 于是，爱好足球的青年人组织当地村民，在车寨对面的河滩荒地修建足球场。 这一块地原为村民自留地，因常受水灾而成荒地，村民自愿捐出这片自留地修建足球场。 村民们自发出劳力，砍掉灌木、芦苇，铲除树根杂草，平整沙滩湿地，修建起足球门，用石灰画球场线。 2001 年，一个大家期待多年的沙滩湿地简易足球场正式建成，成为当地青年人平时训练和在节假日期间开展足球竞赛的活动场所。

三宝侗寨（"千户车寨"）自建足球场后，各村自发组建足球队相互比赛。 2001 年底至 2002 年春节期间，车寨二村邀请一村和三村的球队成员在自建的乡村足球场上，共同组织开展车寨的足球赛。 这是在新修且原始简陋的本地沙滩湿地足球场开展村与村、组与组的足球竞赛，没有奖品，但给大家带来了欢乐，是榕江"三宝侗乡"足球赛的开端和起步。 由于车寨青年人经常义务进行土地平整，足球场得到了进一步优化和完善，寨上青年人平时都在河滩湿地足球场开展足球训练和小型竞赛活动。 每到春节期间，这里就会举行村寨之间的足球竞赛，比赛范围从一、二、三村扩大到四、五、六村。 最热闹的一年，共有 15 支球队参赛，场外围满了人。 后来，由于城市建设需要，河流改道，沙滩足球场因正处在河道中间而被废。 后榕江一中在车寨修建新校区，村民们又到新一中足球场和后来建起的城北新区足球场开展足球运动及比赛。 三宝乡村足球运动进一步向更多的村寨扩展。

2. 乡村足球队伍发展壮大

随着乡村足球运动的发展，榕江县在城区、村寨、学校增建了大量足球场。 至 2024 年，全县共建有 34 个足球场，建在学校的有 26 个，其他 8 个足球场有 4 个建在城区, 4 个建在村寨。① 足球场地增多, 有效满足了榕江人民开展足球运动的需求。

乡村足球运动的逐渐普及, 使得乡村足球队伍日益发展壮大, 足球人才脱颖而出。 从榕江走出的足球运动员麻少军参加过全国足球俱乐部专业训练, 并被选派到阿根廷集训; 运动员卫宇琼等被作为国家女足后备队员进行重点培养。 至今, 榕江县有国家一级足球运动员 20 人, 国家二级足球运动员 147 人, 在榕江足协注册的球队达 35 支, 球员 1200 余人。 民间的足球队有 40 余支, 参与足球运动的人员广泛, 有小学、初中、高中多层次的梯队连接, 青少年和成年人混合组成球队, 参与群众数以万计, 使榕江足球运动得到全面发展。

学生们正在训练（榕江县委组织部 提供）

---

① 榕江县人民政府办公室:《榕江县足球场统计》(内部资料)。

比较有名的"快乐老男孩"足球队，由农户、鱼贩、教师、厨师等各行各业的 40 余人组成，平均年龄约 40 岁。自 2015 年组建以来，每周末必参加比赛，风雨无阻。2017 年，"快乐老男孩"足球队夺得榕江县首届足协杯赛冠军。2018 年，CCTV-13 新闻频道对榕江车江"快乐老男孩"足球队进行了报道。

3. 足球赛事成果丰硕

2000 年后，榕江县多次承办省、州校园足球比赛，每年积极开展常规足球赛事活动，如周末职工足球联赛、足协杯、红五月等一系列赛事活动，组织全县民间足球争霸赛（见表 1），受到广大群众喜爱。

表 1　榕江足球主要赛事统计（2001 年 1 月至 2023 年 5 月）

比赛时间	参赛球队	比赛地点	冠军队	备注
2001 年 1 月	车江三宝侗寨 15 支球队	车寨对面河足球场	车江火箭队（车江一村 2 组、3 组联队）	
2002 年 10 月	车江三宝侗寨 13 支球队	车寨对面河足球场	车江一村一组（伯样）足球队	
2003 年 1 月	车江三宝侗寨 17 支球队	车寨对面河足球场	车江四村（章鲁）足球队	
2004 年 1 月	车江三宝侗寨 19 支球队	车寨对面河足球场		一村足球队和二村足球队争夺冠军，最后点球大战，上万人观看。由于球赛场面过于火爆，木质球门最后被情绪激动的村民扒开，球赛被迫取消

续表

比赛时间	参赛球队	比赛地点	冠军队	备注
2017 年 1 月	车江三宝中保社区、古榕社区 8 支球队	四中足球场	车江四村（章鲁）足球队	2005 年 6 月，车江河涨大水，球场被冲毁，之后比赛转移至城关二小场地
2017 年 6 月	榕江县首届足协杯赛，30 支球队		车江"快乐老男孩"足球队	
2023 年 1 月	2023 年榕江车江三宝侗寨乡村足球超级联赛，车江三宝侗寨 8 支足球队参赛	县体育馆	月寨村足球队	
2023 年 5 月	榕江（三宝侗寨）和美乡村足球超级联赛，20 支足球队参赛	城北新区体育馆	车江一村足球队	

资料来源：榕江县人民政府办公室《榕江足球历史》（内部资料）。

榕江一中、榕江民中、古州二小校园足球队多次在省、州赛事中获得优秀名次。据不完全统计，2012 年以来，榕江校园足球队在各类省、州官方赛事中共获得冠军 20 次、亚军 16 次、季军 13 次。

2021 年 5 月，榕江县入选国家体育总局公布的首批全国县域足球典型名单。赛事的开展和取得的优异成绩营造了榕江浓厚的足球氛围，产生良好的社会效益，有效推动了榕江体育事业的蓬勃发展。

4."村超"呼之欲出

2023 年 1 月 24 日，农历正月初三，榕江县三宝侗寨侗族同胞为庆祝新春佳节，在城北新区体育馆举办"2023 年榕江车江三宝侗寨乡村足球超级联赛"。 赛事由车民小学校长、"快乐老男孩"足球队队长杨亚江牵头，由村民组织，参赛者以村民为主。 在车寨足球协会和车江三宝侗学会的支持和帮助下，来自古州镇和车民街道的 8 支乡村足球队进行了为期 4 天的比赛。 在这次比赛活动中，各村还组织啦啦队现场助力，比赛间隙进行民俗风情展示展演，比赛奖品全是本地农特产品。

杨亚江校长把这次活动的颁奖场景发到个人微信朋友圈，欧阳章伟看到后发现其中价值，榕江县通过系统策划，便产生了现在的"村超"。

第三章

"村超"闯新路

"村超"与榕江之变

"村超"火了！依托"村超"品牌影响力，榕江的招商引资不再困难，榕江的优质产品也从"卖不出"变为"卖断货"。用村民杨卓林的话来说："这换到以前是想都不敢想的事情。"这就是"村超"与榕江之变。

"村超"
闯新路

"村超"生动体现了创新、协调、绿色、开放、共享的新发展理念，突破了传统体育赛事的局限，在组织模式、活动内容等方面展现出独特的创新思维。其所产生的巨大流量效益和品牌效应，激活了要素集聚功能，拉动了餐饮、住宿、旅游等相关产业的蓬勃发展，推动了乡村振兴，促进了榕江的深刻变化。

一、从人才贫瘠地到人才聚宝盆

1. 求贤若渴引进外来人才

榕江，经济发展滞后。2022年，榕江县GDP为92.98亿元，人均GDP仅为全国平均水平的1/3。人才短缺是这里发展滞后的主要原因之一。据《榕江县"十四五"人才发展专项规划》分析，该县人才工作依然存在一些亟待解决的问题，主要表现有：一是人才总量不足，高层次人才匮乏；二是引才效率不高、机制不活；三是培养力度不够，渠道较少；四是经费投入不足，保障不力；五是人才政策落实不够，惠及面窄；六是人才工作部门协同联动不畅，合力不强。

人才是"村超"火爆的原因。"村超"火爆后，又形成了强大的人才吸引磁场，吸引着各路人才加入榕江。榕江围绕人才"引、育、用、留"各环节，深入实施"银龄计划""青村计划""富才计划""榕归计划""导师计划"等吸引各类人才助力榕江发展，赋能乡村振兴。

引来"名誉村长"。为进一步激发乡贤人士参与巩固脱贫攻坚成果与乡村振兴有效衔接，榕江县积极选任"名誉村长"助力乡村振兴。采取顾问指导、短期服务、项目合作等多种方式聘任经济发达地区专家学者、企业家等知名人士为乡村振兴顾问、粤黔协作村长和"名誉村长"，发挥决策咨询、资源引进、品牌推介、宣传引流等作用，共谋榕江乡村发展。如公益柔性引进李哲亚、梅晓鹏、由守义、彭西西、孙国秀、欧阳章伟等一大批文化学者、专家名人和企业家担任乡村振兴、产业发展顾问，聘请水木年华成员缪杰，全国劳动模范张春丽，世界冠军刘榕冰、龙见国等知名人士、乡贤能人、佛山企业家到各村担任"名誉村长"。"名誉村长"不占职数，不计报酬，任期一年，聘期满后，根据工作需要和工作情况重新聘任。榕江通过"名誉村长"等柔性引才

前国足范志毅被聘为名誉村长（张齐武 摄）

机制,树立阶段性用才理念,突破时间和地域限制,打造了高层次人才"只用不养"的低成本模式,实现了借"智"发展。

引来"榕归"人才。 榕江大力发挥"亲情、乡情、友情"的情感纽带作用和"血缘、地缘、业缘"的社会网络功能,发挥"村超"品牌影响力,吸引榕江籍在外人才回榕投资兴业、创新创业、回乡就业。

引来各类技术型人才。 将"人才 + 新媒体 + 乡村振兴"深度融合,打造"贵州·榕江新媒体助力乡村振兴电商产业园"聚才平台,引进贵州山呷呷、北京家乡来客等 40 余家企业及其经营管理人才入驻园区,涵盖产品生产、IP 打造、销售运营、仓储物流等全产业链条。 这些企业人才除了宣传榕江,还帮助榕江培养本地人才。 形成"以龙头企业为主体、直播公司流量赋能、人民群众积极参与"的园区发展模式,使榕江成为全国新媒体产业人才的汇聚地。 通过企业团队带动,已吸纳非遗传承人、留守妇女、返乡创业青年、弱劳动能力者等群体近 1.2 万人入驻园区接受新媒体技能培训、从事新媒体产业,这支队伍为驱动榕江数字经济发展、推动"村超"火爆出圈、赋能榕江乡村振兴蓄积能量。

此外,榕江聚焦当地农业产业、乡村旅游、特色民宿等领域,采取领办人独资领办、联合经营管理,或利用资金、技术等入股方式引进 30 余名发达地区职业农民、技术能人和优秀经营管理人才到榕江发展,形成共建共享创业格局。

开展"以才引才"。 发挥引进人才的人脉和资源优势,扩大人才"朋友圈"。 通过东西部协作机制、清华校友会平台和聘任人才发展顾问等方式以才引才,引进清华校友会各届校友、大湾区企业家,以及各领域知名人士 120 余人到榕江支援、服务、创业,推动当地教育、电商、文旅以及"专精特新"企业实现跨越式发展。比如，中央电视台原足球解说评论员韩乔生就是通过晚寨村"名誉村长"缪杰推介到榕江解说"村超"，成为"村超"的常驻嘉宾，多次到"村超"现场解说；又如，中央广播电视总台体育评论员贺炜则是通过全国青年网络文明使者李哲亚引荐到榕江解说 2023 年"村超"总决赛，并担任乐里镇三联村"名誉村长"；等等。此外，依托微信群、QQ 群等网络平台，成立乡贤能人"智囊团"，吸纳优秀成功的在外乡贤加入，常态化沟通联系，增进情感认同，使其成为家乡建设"高参"、招商引资"红娘"、返乡创业"先锋"、对外宣传"大使"。

2. 各尽其能培育本土人才

大力培养乡村主播。熊竹青，榕江本土农村女青年，也是榕江网络代言人，她的账号"村超西瓜妹"在抖音平台拥有 14 万次点赞量。"村超"火爆后，她每天不是在比赛现场服务"村超"游客，就是在直播间帮助乡亲售卖当季水果、农特产品，以实际行动助推黔货出山，帮助农户增收致富。像熊竹青这样的乡村主播在榕江县还有很多。3 年前，他们还只是在网络上看别人的直播和视频，如今，他们已经成为熟练掌握直播知识和剪辑技巧的"直播达人"。

"十年树木，百年树人"，榕江不仅有引才的智慧，也有育才的恒心。从 2022 年开始，榕江县以抢抓数字经济新机遇作为人才发展突破口，启动了新媒体助力乡村振兴"万人行动"计划，依托新媒体培训平台，组建 165 人的新媒体助力乡村振兴农民讲师团，在全县开展新媒体人才培训 400 余场，免费把非遗传承人、农村宝妈、返乡创业青年等群体培养成数字"新农人"。

　　不断夯实农业"人才库"。 农业是农村发展的基石,农业人才的培养是农村发展的重要支撑。 动员村内种植养殖大户通过实时网络平台与各级农技专家交流,提升农业技能;注重挖掘培养本地致富能手、专业大户、后备干部等农村实用人才,并充分发挥乡土人才"传帮带"作用,培育了一批扎根农村、熟悉农村的"土专家""田秀才"。 通过"送技上门""集中培训"等方式开展各类补贴性职业技能培训,助力人民群众就业增收。

足球教练正在训练孩子(榕江县委组织部 提供)

　　构建足球人才"蓄水池"。"村超"火爆出圈后,榕江足球教育氛围越来越浓,越来越多的足球人才向榕江汇集,越来越多的学生及家长支持以足球为主导的艺体特色教育。 从幼儿园到高中,全县学生对足球的热爱和对"班超"的喜爱全部反映在学生的歌声、笑声和加油助威声中。足球成为榕江学生的必修课,榕江引进省内外优质足球团队2支,积极对接 10 余所院校建立足球人才培养合作关系，加大投入力度建设国家级青少年足球训练基地和世界足球之城。 2024 年春季学期起，榕江广泛开展中小学"班级足球超级联赛"（简称"班超"），整合各类优质资源，聚焦校园足球教学体系建设，积极探索以"班超"足球赛事为媒介的"教、练、赛"融合机制，夯实校园足球发展根基。 此外，榕江还引进和扶持了 10 家体育产业培训机构，与各中小学共建体教融合培训基地，推进青少年体育训练"5621"计划①，构建足球人才"蓄水池"。

3. 不遗余力服务各类人才

从人才生态学角度看，榕江要实现乡村人才资源的充分开发利用，除了要破解人才量的增长与质的提升难题之外，还应紧紧围绕"人才链"积极构建"服务链"，打造良好的乡村人才生态环境，为乡村人才创造更好的发展条件。

构建人才服务新机制。 榕江坚持在县委的领导下创新开展人才工作，采取"县级领导+人才+人才服务专员"和"2+2"联系服务模式，即县级领导至少联系服务 2 名专家人才，每年至少开展 2 次联系服务。各乡镇（街道）、行业主管部门明确 1 名服务专员，实行重点人才"一对一"结对联络服务机制，以更加规范、优质、高效的运转机制构建人才工作新格局。 县委常委会定期听取工作汇报，研究解决问题，适时召开专家人才座谈会、乡贤会、民营企业家座谈会等，分享发展成果、真诚听取意见、共谋发展大计。 党政领导真诚热情，行业部门服务周到，将人才作为家人、朋友一样对待，共同营造尊重知识、尊重人才的

---

① 每个县（市、区）至少推动 5 个运动项目，每个项目至少布局 6 所小学、2 所初中、1 所高中。

浓厚氛围,让专家人才安心留在榕江。

细化留才新举措。 水深则鱼聚,林茂则鸟归,广纳贤才必须有与人才发展需求相配套的政策体系。 榕江政府充分发挥"店小二"精神,及时兑现政策承诺,办理人才服务"绿卡",协调推动人才配偶就业、子女入学和社会保障等优惠政策落实。

二、从产业塌陷地到发展活跃地

1. "村超"让招商不再困难

榕江县早年间因经济薄弱、交通不便而"藏在深山香不外溢",当地的特色产业和产品在省内"叫不响""卖不火"。 产业发展滞后,工业经济总量小、主体弱,招商引资困难,属于产业发展塌陷地。

"村超"出圈以来,榕江充分利用其品牌影响力积极开展招商引资。 如积极举办木材产业招商推介会、清华校友"村超"品牌合作招商推介会等活动,在"村超"现场设立招商咨询服务窗口和企业会客厅,多形式宣传推介榕江资源。 已吸引来自广东、山西、重庆、湖南等地的 400 余家企业来榕考察投资。 通过公益合作、联名开发、品牌授权等方式,促进企业使用"村超"品牌,已衍生"村超"相关项目 40 余个。 引进酒店、商业街区、人文社区建设等项目 30 余个,拟投资总额为 23.39 亿元;与百度、伊利、汇源、奇瑞等知名企业达成合作。加强做好相关服务,成立"审批代办服务中心"和"工程项目联合审批服务中心",为招商引资提供项目落地全流程审批事项辅导清单和帮办代办服务,优化营商环境。 截至 2024 年 10 月,全县新增市场主体3964 户,其中涉旅市场主体 1472 家。

2. 土特产从卖不出到卖脱销

借助"村超"的流量效应，越来越多"新农人"进入直播电商行业，他们用一场场直播、一条条视频，将家乡的特产卖到了全国各地，让农业经济活了起来，小屏幕由此成就大舞台。

50 多岁的榕江县仁里乡太元村村民杨卓林说："以前以为在淘宝开个网店就是电商，现在我在系统学习如何当好一名移动互联网主播。"现在他每天都要在户外开播介绍自己种的七彩稻谷。

"我是太元村原生态种植养殖农民专业合作社的负责人，主要出售榕江小香牛、红米、黑糯米、稻花鱼这些土特产，以前主要靠传统的吆喝方式销售农特产品。"杨卓林说，这两年，他尝试着在网上直播带货，尤其是"村超"火爆以后，许多网红主播和知名博主开始走进榕江，生产了大批高质量的新媒体作品，杨卓林也从中学到了不少短视频制作技巧，他推出的视频产品也越来越受关注。

"这换到以前是想都不敢想的事情。"杨卓林说。

短短一年多的时间，榕江县选准"新媒体+"产业赛道，发展短视频、直播电商、线上营销等新业态，培育出上万个新媒体账号赋能特色产业发展，让手机变成新农具、让数据变成新农资、让直播变成新农活，榕江的百香果、红薯干、牛香巴、葛根面条等农特产品借助直播实现了"黔货出山"。此外，依托新媒体直播平台，借助"村超"品牌效应，榕江的非遗文化产业也得到很好地发展，推动指尖技艺转化为指尖经济。

栽麻镇大利村，以古朴典雅的木质房屋为吸引物，在"村超"带动下游客源源不断地增加，村集体通过出租房屋给外地老板建设民宿增加收入，加速推进乡村振兴。忠诚镇借助"村超"火爆东风，从服务小

顾客正在选购水族非遗马尾绣（榕江县政府办 提供）

众市场、细化品牌矩阵出发，打造"牛瘪风情一条街"，并鼓励各村群众在镇中心地段通过赶集等方式，集中展示各村特有产品及美食，形成以"忠诚牛瘪"为首、多样美食聚集的局面，以"村超"品牌带动打响地方农特产品招牌。

此外，榕江还成功打造了"蓝染系列产品""丹江中华鲟""锡利贡米""榕江青白茶"等热销产品品牌，注册"榕江""忠诚小酒""忠诚牛瘪"等一批榕江地方特色品牌。2022 年以来，全县开发打造农产品及手工艺品150 余款，线上线下销售榕江小香鸡、百香果、脐橙、西瓜等产品收入达 2 亿余元。"村超"带来的品牌效应，已成为乡村产业振兴的有力引擎。

3. 新赛道孕育新产业

榕江的"三新农"模式催生了数字时代乡村独有的劳动样态，村民除了种地，还参与到文化挖掘与传播之中，通过文化的展演、展播，有效地讲述乡村故事，并由此获得巨大的经济收益。从短视频拍摄、剪辑到直播带货、线上营销，榕江的村民已完成从"传统农民"到"数字农民"的身份转变，使数字经济、数字产业在乡村的发展成为可能。

榕江青年杨斌斌与朋友在"村超"球场附近打造了一个占地230平方米的县城新型休闲空间，这家名为"星咖友"的咖啡店是"超经济"催生的新业态。越来越多返乡、入乡创业的新农人，一边品味咖啡一边谋划乡村发展。提起开咖啡店的初衷，杨斌斌说："'村超'吸引的大批游客需要这样的城市休闲空间，我们也想借此培育榕江人的生活方式。"未来他还计划与县里的"村超"品牌公司合作，推出与"村超"相关的咖啡、奶茶以及茶饮品，丰富产品品类。

郎洞镇平地村足球队球员吴化勇（因"倒挂金钩"精彩球技被大家熟知），与球队6名球员一起合伙开了"球迷之家（草根星迷食府）"，从踢球到创业，从球员到店主，吴化勇将足球的热爱延伸到了场外，他的餐厅墙上挂着球队的球服和奖牌，橱窗里摆放着当地的土特产和"村超"系列文创产品。吴化勇说，"希望榕江能有更多球员开设餐饮店、体育用品店，形成我们的球队文化、球队经济"。

与此同时，与"村超"相关的新兴体育产业如雨后春笋般火热开张。"村超"可乐、"村超"伴手礼、"村超"电子竞技、"村超"运动装备等也在不断面市，不少产品已占据市场一席之地。据榕江县古州文化旅游投资开发（集团）有限责任公司总经理孙国秀介绍，"仅全县开发的蓝染'村超'文创产品就有200多款，包括足球、本子、T恤、布袋、球队队标等"。

针对"村超"品牌开发，榕江已做好了统筹谋划，不仅成立了"村超"品牌公司，还搭建了相应的组织架构和人才体系。因为"村超"，各种新产业还在不断孕育。

三、从寂寂无闻地到创新频出地

1. "村超"让榕江令人向往

2023 年 6 月 3 日夜，高温还未退去，韩乔生满头大汗挤过人群，攀着铁梯，爬上高架台做赛事解说。他激动高呼："'村超'的收视率已经超过中超了！刚刚我一进来就被这场面震撼。坦率地讲，我从奥运会到世界杯，各种各样大型的世界赛事经历了不少，足迹也踏遍了五大洲，但是这么火爆、这么接地气、这么热闹的场面，作为体育赛事真的还是第一次！"[①]

韩乔生"惊呼"的背后，是连串耀眼的数据。每个"超级星期六"，球赛现场都有四五万名观众；5 月 13 日开幕式当天，仅通过榕江县自有的"村寨代言人"和直播营销团队就获得了 500 万以上的流量；"村超"举办仅一个月时间，就吸引游客 42 万余人次，其中本地游客 30.39 万人次，外地游客 11.61 万人次，实现旅游综合收入超 1.3 亿元；截至 2024 年 8 月，"村超"全网流量突破 780 亿。

"村超"比赛从白天进行到深夜，几万人的看台挤得满满当当，加油声、鼓掌声、喝彩声此起彼伏，各大主流媒体争相报道，铺天盖地的视频在网上流传。

互联网时代，流量即人气。

---

① 引自榕江县人民政府办公室提供的资料。

　　吴翠云，一位来自江苏的大姐，在 2023 年 6 月底来了一趟"村超"现场，就被榕江的热情、"村超"的真诚打动，于是选择长期定居榕江，开展"村超"直播。拍摄"村超"短视频已经成为她的职业，她也当上了"村超"宣传推广大使。

　　"村超"的持续火爆，带动了榕江乡村旅游的发展。乐里七十二寨斗牛城、三宝侗赛、小丹江、大利、加宜等县内旅游景区游客呈数倍增长。同时，群众爱护环境、美化家园的自觉性和主动性大幅提升，自发开展乡村环境卫生整治，进行庭院美化。生态美、百姓富、环境优、人热情的榕江，犹如一幅精美的山水田园画，正徐徐呈现在世人面前。

2. 提升政府治理能力接住大流量

　　2023 赛季的"村超"决赛现场，有记者随机询问了一名游客对黔东南州平安建设工作的感受，得到这样的答复："我其实不懂平安建设是什么意思，甚至连球都看不明白，但当我走过榕江这座大桥，看到漫天烟火、人头攒动，我觉得这就是平安，这就是幸福。"

　　在网友关于"村超"的评论中，高频词之一为"原汁原味"，政府部门没有充当赛事的主角，主动把舞台都交给了村民，但并没有撒手不管，而是在背后提供更细致周到的组织和服务。两次"村超"决赛现场，场内场外游客超 20 万人，人流量的激增对榕江的接待能力和安保组织能力都是巨大的考验。榕江县不惧风险挑战，一次次地交出了满分答卷，练就了强大的基层治理和组织能力。

　　在赛后，榕江充分发挥赛事的影响力，有秩序、高质量地提质改造核心赛场及周边环境，新建一批乡村体育设施，满足群众运动需要。改善城乡环境，合理规划夜经济集聚区，布局好地摊经济点，规范停车位管理，结合和美城乡"四大行动"，在城镇精细化管理、乡村庭院美化等方面下足功夫，提升广大群众的幸福感、获得感，给广大外来游客营造一个干净整洁、舒适靓丽的环境。

榕江县将院坝协商会、院坝会、群众会等基层议事载体进行整合，以持续探索"我为群众办实事"长效机制为基础，创新"访民情、听民意、与民商、大家谈、解众难"的服务群众机制，广大基层党组织频繁与群众"谈"党的发展历史、大政方针、惠民政策、产业发展、人居环境、乡风文明、乡村治理、普法教育，着力收集并解决群众身边急难愁盼问题，有效增强为民服务意识，提高为民服务能力和水平，激起群众强大的内生动力。

村民正在召开协商会（图片来自榕江县人民政府网）

　　"村超"出圈前后，全县上下借助"榕易谈"机制，先后开展了"我为'村超'干点啥""如何守护'村超'""我为'村超'氛围营造做点啥"思想解放大讨论活动，传递向上、向善、向美的正能量，促进全县范围思想大解放，让人人成为"村超"文化品牌的参与者、创建者、保护者、荣誉者、受益者。干部、群众的意见建议一次又一次地通过线上、线下"榕易谈"的渠道进行汇总，累计为"村超"的发展提出意见建议1万余条，形成评论、建议等书面文章200余篇，为榕江党委政府的各项"村超"决策提供了参考，快速形成了广泛的思想统一和行动统一。

　　此外，深入开展"村村崇德向善·人人善行点赞"等系列活动，发挥"村超"凝聚人心的作用，鼓励并推动更多的村寨建立自己的球队和啦啦队，让村寨更加团结有活力，多一支啦啦队，就少几十桌麻将，从而提升乡村治理效能。比如，平永镇组建"传统美食+非遗文化"啦啦队，成员643人，将本地美食与"村超"体育赛事相融合，展示当地10余种美食，不仅丰富了"村超"内容，也把本地特产推了出去。

　　在"村超"文化影响下，村寨更加团结有活力，乡村治理效能有效提升；各种陈规陋习得到有效整治，展现了乡风文明新风貌、新气象。

3. "一起做"提升榕江凝聚力

　　"以前，群众都是看得多，参与基层治理的热情并不高。"在丰乐社区工作7年的党支部书记陈开华感慨良多。"村超"让榕江百姓从"看热闹"到"一起嗨"，人民群众从幕后观看走到前台参与，赛事组织实施、节目表演、赛场秩序维护，都是由当地群众自发进行，群众参与感和凝聚力得到极大增强。

场外，广大群众自发组织车队接送游客，腾出房间接待游客；场内，各村啦啦队制作美食招待游客，党员干部和志愿者通力配合做好服务保障，大家都在背后默默无闻地全面支持"村超"。

"有钱出钱，有力出力，自己办的赛事，没有村民不主动的。"古州镇口寨村村民王显培说。每当村里的球队有比赛，他都会提前两个半小时，拿着喇叭，沿着村里的主道去"喊寨"，号召大家去比赛现场为球队加油鼓劲，每次都能得到三四百位村民的响应。

强大的归属感激发了社会凝聚力，人民群众一呼百应，是基层治理的终极目标，也是榕江乡村组织振兴的生动实践。

四、"村超"激活榕江精神

1. "村超"让快乐放大

"快乐就好，放下烦恼，真情相邀，在乡村绿茵场上奔跑；幸福就好，放飞辛劳，歌舞相邀，在乡村绿茵场上欢笑……"这首歌名为《快乐村超》，歌曲以乡村绿茵场为背景，表达了放下烦恼、追求幸福的积极向上的精神。歌词中提到"快乐就好，放下烦恼，真情相邀"，鼓励人们在面对生活压力时，要学会释放自己，享受简单的快乐。作为"村超"的主题曲，《快乐村超》以朴实的词风、动人的旋律、真情的演绎，唱出了"村超"的精神蕴涵，唱出了榕江人民的心声，唱出了榕江的豪情。

94岁的口寨社区村民杨留香老人捐出50元用于支持"村超"，被网友称为"最大赞助商"。她说，"我没多少钱，大家比赛要喝水吃东西，有一点就捐一点。"朗洞镇村民则修竹篾、架龙骨、扎稻草……他

们就地取材制作的"金龙""金凤"，在"村超"总决赛中场表演时刮起
了"最炫民族风"。21 岁的赖如佐是贵阳幼儿师范高等专科学校大二
的学生，自 2023 年 6 月以来，他一直在为"村超"做志愿服务。

从"赞助商"到志愿者，从啦啦队到表演者，从免费提供食宿到义
务清理赛场，榕江人都在为"村超"的火热辛勤付出，既参与其中，也
乐享其中。来自内蒙古的游客张丽娜，专程来看"村超"，从下高铁
到看比赛，温暖的志愿服务和浓郁的民族风都让她感觉不虚此行。
"'村超'不是一小部分人的热闹，而是所有人的热情狂欢。"她感慨
地说，这是普通人追逐足球梦的绿茵场，更是苗乡侗寨展示独特文化魅
力和民族风情的"大舞台"。来自遵义的球迷徐大军说，期待有更多
接地气的民间体育赛事能"出圈"，也期待接下来的全国美食足球友谊
赛能延续"村超"的纯粹、热烈、快乐和真诚。

2. "村超"让奉献成美

上午 7 点半出摊，下午 1 点左右卖完收摊。"村超"火爆以来，古
州镇丰乐社区居民杨秀兰的卷粉生意越发火爆，"生意最好时一天可以
卖出 3000 多块钱的卷粉"。

"一块五毛钱一个，外地来的游客还会便宜一点。"不但不涨价，
每次有比赛，杨秀兰还会和丈夫陈民发把卷粉摊推到球场，免费"投
喂"游客和球员。

在丰乐社区办公室墙上装裱精细的《村规民约》里：为"村超"出
点子被采用一次加 2 分、主动为游客提供服务一次加 2 分……加分规则
一目了然，反之，减分项包括跟游客起冲突、卖东西乱加价、破坏环境
卫生等不文明行为近 10 项。

"文明积分是社区治理、约束群众言行的手段，让大家团结一心、共建和谐社区，维护好'村超'品牌才是目的。"丰乐社区党支部书记陈开华从事社区工作近 10 年，她说，过去社区组织活动，群众积极性不高，"村超"火爆以来，社区将群众对"村超"的热爱、支持纳入村规民约，并细化文明加分项。

丰乐社区的实践已然成为榕江各村（社区）共识。在"村超"所在辖区车民街道卧龙社区，社区党支部书记谭炯表示，"人人都是'村超'代言人"。社区 4 个党支部 10 个党小组 174 名党员率先示范，如参加治安巡逻、维持公共秩序、引导游客车辆停放、接待客人等服务。党员杨蒋威在赛事期间，工作之余当起了游客的免费司机，经常到高铁站接送游客。

居民石庆松仅参加"村超"志愿服务就已累计文明积分 452 分。"游客来这里，我们是主人，一定要招待好。"为了服务好游客，不善言辞的石庆松现在都能流利地说普通话了。

一场足球赛，像一个正能量磁场，传递了快乐、感动了无数人，也影响着干部群众的一言一行。

3. "村超"聚散指成拳

举全县之力、聚全县之智，全民参与、共同奋斗，齐心协力共同策划"村超"、宣传"村超"、保护"村超"。

"村超"的根基在于人民群众，"村超"的火热也体现了乡村人民对美好生活的向往。榕江充分尊重人民群众主体地位和首创精神，扎实推进乡村振兴，支持乡村体育运动，不断满足群众物质需求和精神文化需求。"村超"按照协会主办、村民自治、党政服务的原则，在队伍组织、赛程安排、晋级规则、节目表演、奖励奖品等方面，均由群众自发组织、自主决定、自行实施、全民参与，保留"村味"，将人民民主贯穿于"村超"全过程，汇聚起全民参与的强大力量。

通过"我为'村超'干点啥""如何守护'村超'""我为'村超'氛围营造做点啥"思想解放三部曲活动，激发起全县干部群众的热情，群众参与度达到了史无前例的水平，全县上下一心、众志成城，主动从"要我干"向"我要干"转变。

老百姓自发制作美食在比赛现场开展美食宠粉活动，让观众球迷免费试吃榕江牛瘪、羊瘪、卷粉、腌鱼糯米饭等各类特色美食，自发接送游客，自发排练节目，自发让出空房热情招待来自全国各地的游客，逐步形成榕江热情好客的群众氛围，营造出政通人和的社会环境和"人人都是形象大使、处处体现流量担当、事事关系'村超'品牌"的城市氛围。

第四章

"村超"闯新路

"村超"赛场上的非遗魅力

　　"村超"带火了非遗，非遗成就了"村超"。在相互成就中，面临被忘却风险的非遗重新进入大众视野，并展现出自身独特的魅力而重获发展生机。非遗也让"村超"更具特色、更有生命力。

"村超"
闯新路

榕江把非遗搬上"村超"舞台，把传统文化、红色文化、民族文化有机融入"村超"，成就了"村超"的精彩，也让非遗在"村超"舞台大放异彩。 在这里，足球比赛不仅仅是竞技的较量，更是一种文化的传递、情感的交流、生活的展示。 观众在享受精彩比赛的同时，也能感受非遗魅力。

一、非遗让"村超"更精彩

1. 榕江的非遗资源

榕江以苗族和侗族为主，苗族有 15 个支系，侗族有 7 个支系，少数民族文化多姿多彩。 空申苗寨、小丹江苗寨、摆贝苗寨、三宝侗寨、大利宰荡侗寨、晚寨侗寨等 29 个传统村落，古朴典雅、风景秀丽。

榕江有侗族大歌世界非物质文化遗产和侗族琵琶歌等 11 项国家级非物质文化遗产，还有 32 项省级、54 项州级、204 项县级非物质文化遗产。 县级及以上非遗传承人 404 名，其中国家级 1 名、省级 10 名、州级 25 名、县级 368 名。

榕江民族节庆活动丰富多彩，有侗族萨玛节，苗族鼓藏节、招龙节、茅人节、六月六等民族传统节日，享有"风情浓郁、璞玉浑金、无迹不古、山水独秀"的美称，被誉为"原生态民族文化博物馆"和"人类疲惫心灵栖息的最后家园"。榕江有中国民间文化艺术之乡 15 个，贵州省民间文化艺术之乡 17 个。

2. 把非遗搬上"村超"

在每个"超级星期六"的足球之夜，榕江县的百姓，无论男女老少，都会欢聚一堂。他们通过唱侗歌、吹芦笙、跳苗舞的方式参与"村超"。

水族妇女在巡游环节展示水族美食（韦贵金 摄）

传统文化、红色文化、民族文化有机融入"村超"，吸引了众多观众和游客的目光。观众在享受精彩比赛的同时，也能看到丰富的民族文化表演，这种融合为观众带来了前所未有的观赏体验，如同一股清泉，滋润着人们的心灵，激发着他们对美好生活的向往。

侗族的歌、苗族的舞、水族的祭祀仪式，这些看似普通的民族文化元素，在"村超"的舞台上焕发出了新的光彩。 村民们通过民族文化元素的展示，向世界传达了他们对生活的热爱、对文化的尊重、对未来的憧憬。 这种文化的传承和发展，不仅提升了"村超"的文化内涵，也为当地经济和社会的发展注入了新的活力。

"村超"现场的非遗表演（韦贵金 摄）

文化赋能"村超"的模式，为其他地区提供了宝贵的经验借鉴和启示。 在未来的发展中，各地应进一步将传统文化与现代元素相结合，创造出更多具有地方特色的文化品牌，推动乡村振兴战略的深入实施，为实现中华民族伟大复兴的中国梦贡献自己的力量。

3. 带着非遗来"村超"

在"村超"的舞台上，非物质文化遗产的"大咖"们来了。 他们通过精湛的技艺展示，不仅加深了比赛的文化底蕴，还促进了当地非遗文化的传承与发展。 这些技艺传承人以独到的手艺和智慧，为观众带来了别开生面的文化享受，与"村超"的结合更是擦出了别样的火花。

丹寨锦鸡舞在"村超"舞台上展示（榕江县政府办 提供）

2024 年 5 月 3 日的"村超"比赛，一支来自云南临沧凤庆的非遗代表团队成为亮点。 他们与中山大学滇红茶队并肩参赛，将凤庆的文化魅力带到了这个充满活力的赛场，呈现了一场精彩的文化盛宴。 比赛前夕，一支充满凤庆特色的啦啦队巡游队伍在激昂的音乐声中踏入赛场。 他们身穿绚丽的民族服饰，手持芦笙，随着旋律翩翩起舞。 演员们将技艺和情感融为一体，把舞蹈和音乐完美结合，为观众呈现了栩栩如生的画面。 观众被这场独特的表演深深吸引，纷纷举起手机记录卜这一刻，不少游客还加入其中，与喜爱的演员零距离互动，现场气氛火爆。 此外，凤庆滇红茶的制作工艺也在现场进行了展示。 这款被誉为"红茶皇后"的茶叶以其独特的口感和香气赢得了在场观众的热烈追捧。 观众争相品尝这款名茶，对其口感和香气赞不绝口。 许多观众表示，凤庆滇红茶在全国都享有盛名，他们一直希望能够品尝到这款茶的味道，今天终于有机会如愿以偿。

非遗文化的参与，不仅增添了"村超"的文化魅力，也展现了贵州特色民族文化与现代化发展的融合，为观众带来了独特而丰富的文化体验。 各族群众带着非遗走进"村超"，让传统文化在现代舞台上绽放出新的光彩。

二、"村超"让非遗活起来

1. 非遗美食在"村超"舞台汇聚

在"村超"这一现象级的乡村嘉年华中，非遗美食无疑成为最受欢迎的亮点之一。 它们不仅给游客带来了味蕾上的享受，更通过这一平台得到了有效地推广和传承。 在这里，美食不仅是满足人们口腹之欲的简单消费品，更是转化为一种文化符号，承载着深厚的历史底蕴和地域特色，成为连接过去与现在、传统与现代的桥梁。

每当"村超"的序幕拉开，各种传统美食便如繁星般点缀在赛场周边，吸引了无数游客和当地居民驻足品尝。 沙县小吃队的展位前人头攒动，这非遗美食，以其独特的风味和精湛的制作工艺，赢得了现场观众的高度好评。 沙县小吃的展销及制作技艺的展示，成为"村超"中一道不可或缺的风景线。展位上，金包银、锅贴、芋饺、扁肉、拌面、烧麦、烙粑、烫嘴豆腐、拇指煎包、小米酥等十个独具特色的小吃品种一字排开，它们大多是"中华名小吃"，是沙县小吃的"当家花旦"，吸引了大批游客流连忘返。

沙县区的参展企业和小吃业主们，其中包括李贤锦、王景熙、黄秀莲三位小吃技艺的传承人，他们通过美食展销，向世人展现了沙县小吃作为中华民族传统饮食"活化石"的独特魅力。沙县区文体和旅游局巧妙地将肩膀戏和夏茂游鱼进行融合编排，呈现了一场传统且热烈的演出。表演中，游鱼的热闹灵动与肩膀戏的俏皮可爱完美结合，加上旗手舞动的大旗，使整个展演更具声势和舞台效果。

除了沙县小吃，潮汕牛肉丸、山东淄博烧烤、四川旺苍酸辣粉等各地美食也随着球队一同亮相。这样的活动，不仅是对各地特色美食的一次集中展示，更是对当地丰富文化遗产和民俗风情的一次深入挖掘和传承。在"村超"这一平台上，非遗美食得到了广泛地传播和推广，它们的故事和价值为更多人所了解和认可。同时，这也为传承和发展地方特色美食提供了良好的机遇。可以说，"村超"不仅是一个体育赛事，更是一个展示和传承地方文化的重要平台，非遗美食正是这一平台上的璀璨明珠，它们在阳光下熠熠生辉，照亮了乡村文化的未来之路。

在这个充满活力的舞台上，非遗美食唤醒了人们对传统美食的回忆，激发了人们对美好生活的向往。随着"村超"的影响力不断扩大，越来越多的非遗美食得到了关注和传承，它们在新时代的乡村振兴中发挥着越来越重要的作用。这些美食背后的故事，以及它们所承载的文化内涵，正在成为联结城乡、促进文化交流的重要纽带，为乡村增添了一份独特的魅力和活力。

2. 把指尖技艺变为指尖经济

在过去，乡村的铁匠铺、木匠铺、裁缝铺等手工艺行业是村庄生活中不可或缺的部分，它们见证了乡村的繁荣与变迁。然而，在工业化浪潮洗礼下，这些传统行业面临着前所未有的挑战。幸运的是，许多精湛的手工艺得以传承下来，成为非物质文化遗产的重要组成部分。这些手工艺品不仅承载着工匠们的智慧和匠心，更因其优良的品质和独特的美学价值，受到消费者的热烈追捧。

罗丽萍（中）在向客商展示非遗产品（榕江县委组织部 提供）

非遗传承人罗丽萍在榕江县文旅局非物质文化遗产保护中心工作，同时担任贵州榕江摆贝村驻村第一书记。她抓住"村超"机遇，为非遗文化的发展注入了新的活力。她以"村超"公益摊位为窗口，组织村民制作蜡染服饰，她的努力让非遗文化与"村超"赛事完美融合，不仅丰富了赛事的文化内涵，也为当地非遗文化的传承与发展做出了显著贡献。

苗族妇女袁仁芝是乌吉苗寨闻名的蜡染与刺绣大师。她的家中宛若一个微缩的工坊，侄女、妹妹和儿媳都跟随她的脚步，致力于制作蜡染和刺绣的苗族特色服饰。受到母亲的熏陶，袁仁芝自幼便掌握用蜡刀在织布上绘制图案的技艺，其创新的织锦作品深受市场欢迎。她是黔东南州级非物质文化遗产“苗族服饰”项目的代表性传承人，高级工艺师，实至名归的乡土非遗“指尖”人才。

她创办的苗族服饰加工坊专注于苗族百鸟衣和蜡染、刺绣产品的制作，将民族文化产品与市场成功对接。“村超”出圈后，前来观看足球赛的游客越来越多，袁仁芝的订单量增多了，产品畅销供不应求。产品价值也得到充分体现，她创作的产品从 20 世纪 80 年代初的每件几元涨至现今每件数千元。

非遗手工艺品不仅在“村超”赛场上以其独特的艺术魅力吸引了游客的目光，更成为地方经济的重要支柱。这一过程，实际上是一次文化的觉醒和经济的振兴。非遗手工艺品从指尖技艺到指尖经济的转化，不仅使非物质文化遗产得到保护传承，更使其成为推动乡村振兴和经济发展的重要力量。通过转化，手工艺品的价值得到了全新的诠释，它们不再是单纯的物品，而是承载文化传承、经济发展和社会进步等多重使命。

3.“村超”开启非遗研学窗口

在贵州这片多彩的土地上，“村超”不仅是一场体育盛宴，更是一次文化的深度挖掘与传承之旅。其中，非遗研学活动以其独特的魅力和深远的影响，成为推动当地经济发展和文化传承的重要力量。榕江县被誉为"中国蓝染之乡"，在"村超"活动的推动下，当地的蓝染刺绣产业得以借助赛事的东风，走出了一条非遗变国潮的创新发展之路。

在榕江县的青于蓝蓝染艺术中心，杨再榕是蓝染产品设计师和非遗研学讲师，在"村超"期间她为来自北上广深等一线城市的孩子们提供蓝染和刺绣的体验课程。这些课程设计巧妙，既能让参与者亲身体验非遗技艺的魅力，又能让他们在观赛的同时，深入了解当地的文化底蕴。

这些非遗研学活动，让古老的非遗技艺在新时代焕发出了新的生机。在"村超"的赛场上，村民们通过非遗展演，向世界展示了榕江蓝染的独特魅力。他们的表演，如同一幅幅生动的画卷，将榕江的非遗文化展现得淋漓尽致。这种文化传承与弘扬的方式，不仅让更多的人了解和认同了非遗文化，也为当地的文化产业发展注入新的动力。

贵州"村超"中的非遗研学活动，不仅提供了丰富的文化体验和互动学习的机会，还强调了非遗文化传承和弘扬的重要性。这些活动不仅提升了当地居民的生活质量，也为当地文化的传播和保护做出了重要贡献。通过研学活动，贵州"村超"成为文化传承与经济发展的双赢平台，为当地乃至全国的乡村振兴提供了有力支撑。

三、"村超"激活文化自信

1. 传统文化的现代转换

"村超"不仅是一场足球联赛，它更是将我国传统民族文化精髓与现代体育赛事完美融合的典范，展现了传统文化在现代社会中的独特魅力和活力。 在这个充满激情和活力的赛场上，我们看到的不只是足球运动员们在绿茵场上的拼搏和汗水，还有侗族大歌、苗族舞蹈等民族文化元素的融入，使传统文化在新的时代背景下焕发出新的光彩。

这种创新的尝试，不仅让村民们重新认识和珍视自己的文化传统，也让更多人有机会了解和欣赏到乡村文化的独特魅力。 在此过程中，村民们积极参与、热情高涨，为传统民族文化注入了新的活力，同时也增强了他们的文化自信。

与此同时，"村超"现象也为我们提供了一个了解和欣赏乡村文化的窗口。 在这里，我们可以看到村民们对传统文化的热爱和坚守，感受到他们对美好生活的向往和追求。

在新媒体的支持下，"村超"活动以其独特的魅力，迅速在各大网络平台走红，吸引了全球观众的目光。 这种传播方式，不仅让乡村文化走出了大山，也让世界看到了中国乡村的活力和魅力。 村民们用自己的热情和努力，赢得了全国乃至全世界的认可，这无疑增强了他们的文化自信。 同时，这种传播方式也让乡村文化焕发出了新的生机。 在现代社会，文化不再是封闭的，而是开放的多元的。 乡村文化作为一种独特的文化形态，其价值和意义正在被越来越多的人认识到。 而"村超"活动的成功，就是这种认识的一次生动体现。

2. 文化活动的广泛参与

"村超"的另一个亮点是广泛的群众参与性。 在这里，村民们不再是被动接受文化的对象，而是积极参与文化的创造者和传播者。这种参与感让村民们感受到自己是文化的主人，增强了他们对本土文化的认同感和自豪感。

通过参与"村超"，村民们不仅仅是观众，更是参与者。他们通过自己的表演和创造，展现了对自己文化的热爱和自豪。这种参与感让村民们更加关注和珍视自己的文化传统，也让他们更加积极地参与到文化的传承和创新中。同时，这种广泛的参与也让文化自信在每个村民心中生根发芽。他们通过自己的行动证明了自己的文化是有价值的，是有吸引力的。这种文化自信不仅让村民们更加自信地面对生活，也让他们的文化更加有活力、更加有影响力。

孩子们通过参加活动实现文化传承（周光胜 摄）

为了更好地参与活动，村民们开始学习和传承自己的文化遗产，这种学习过程不仅提升了他们的文化素养，也加深了他们对文化传统的理解。这种文化教育的深化，为文化自信的培育提供了肥沃的土壤。

3. 经济与文化的相互促进

"村超"的成功，反映出中国乡村在文化自信上的回归。更为重要的是，"村超"激发了乡村经济的潜能。"村超"让越来越多的游客涌入榕江，为当地带来了丰厚的旅游收入。住宿、餐饮、交通等相关产业随之兴旺，不少村民因此走上了致富之路。经济的发展反过来又为文化保护与传承提供了坚实的物质基础。古旧的房屋得以修缮，传统的手艺得到传承，本土的音乐和舞蹈再次回响在村头巷尾。

这种文化与经济的良性互动，极大地增强了村民们对自己文化的认同和自信。他们开始意识到，自己的文化不仅是历史的积淀，也是发展的动力。

"村超"闯新路

第五章

最炫民族风融汇在"村超"

　　有人说,"村超"就是一个大Party。在这里,你可以欣赏足球,但绝不只有足球。这是一个民族大联欢,是一个最炫民族风的大融汇。

贵州村超

"村超"
闯新路

恢宏的侗族大歌、摇曳的苗族芦笙、铿锵的水族木鼓、欢快的瑶族春杵、神秘的水族水书、炫目的苗族银饰、动情的多耶舞以及激情四溢的"苗迪",汇成欢乐的民族之声,久久回荡在榕江县城北新区球场的夜空。 榕江凭借绝妙的草根足球、炫酷的民族民俗表演、地道的特色美食,创造了"村超",成为中国式现代化实践的生动诠释。

一、民俗文化的亮丽呈现

1. 文化千岛: 榕江民俗风最炫

悠久的足球历史,良好的体育氛围,多民族共生共荣的环境赋予了榕江"村超"独有的成功密码,使一个村级赛事脱颖而出。"村超"重在共享,"村超"平台,不仅重塑了中国足球精神,也成为民族文化展示与交往的舞台,是中华民族多元一体的盛会。

"村超"得以成功出圈的多重密码中,多彩动情的民族文化、淳朴浓郁的乡风民俗是不可回避同时也不可或缺的因素。 赛事本身所具有的乡土气息以及赛场上多元民族文化的展示即是"村超"的灵魂所在,其核心的文化基因也正是榕江的文化优势。

绚丽多姿的民族文化之所以能够在"村超"赛场上集中展示,主要源于其发生地贵州榕江自古即为一个拥有众多民族文化资源禀赋之地。依水而居的榕江自古物产丰富，其中有西瓜、锡利贡米、小香鸡、葛根、塔石香羊、黄金百香果、脐橙等特色农产品，部分物产还是享有盛誉的国家地理标志保护产品，这些令人瞩目的地方特色产业和产品，为当地带来丰厚的经济回报，并得到了广泛的认可与好评。

　　除了物质上的丰富，被誉为"文化千岛"的榕江又是一个历史悠久、民族文化底蕴深厚的精神富足之地。民族风情与"村超"的融合，让人仿佛置身于一片欢乐的海洋，"民族大联欢"仿佛是这里的标配。那些背着茅人、举着番布，带来了神秘水书、素雅蜡染，舞起发光的稻草龙，走起古朴的农具秀以及跳着热情洋溢的多耶舞的民众，使整个"村超"气氛达到沸点，也成为"村超"表演上的亮点。

2024 年榕江萨玛节现场（榕江县政府办 提供）

　　榕江是百节之乡。全县每年举办侗族萨玛节、侗年，土家族八月八，苗族鼓藏节、招龙节、茅人节、六月六等25个民族民间节日，除此之外，还有西瓜节、百香果节、烧鱼节、杨梅节、罗汉果节、泥鳅节、羊烧笋节、黑毛猪节、香羊节等众多美食节日。"村超"中那欢快的多耶舞，不禁让人联想起了侗族萨玛节上的情景。"萨玛节"是南部侗族现存最古老且盛大的传统节日，起源于母系氏族社会。萨玛系侗语，"萨"即祖母，"玛"即大，萨玛汉译过来就是大祖母的意思，是侗族人民信奉和崇拜的至高无上的女神，她代表了祖先神灵，是侗族唯一共同祭祀的神。侗家人认为萨玛能赋予他们力量去战胜敌人、战胜自然、战胜灾难，赢得村寨安乐、人畜兴旺。萨玛节一般是在农历十月和二月举行，但有时也根据生产和生活或其他重大活动情况改为其他月份举行。一年一度的萨玛节上重大的祭萨活动，各村都会请专门的祭师来主持，这是侗族文化中不可或缺的重要仪式。祭祀过程中，祭师们行云流水般的动作，敲响钟鼓，燃烧香火，祈祷祝福，让人们感受到一种超脱尘世的庄严与神秘。"祭萨"活动不仅是祭祀先祖的方式，更是展示原生态艺术文化的盛宴，人们以载歌载舞的形式将自娱和表演、娱神和娱人融为一体，具有强烈的社会、宗教和文化功能。多耶舞、为也舞、篝火舞、草鞋舞、锤布舞等是最常出现的形式，这些舞蹈传递着古老的神秘信息，通过独特的方式不仅展现了侗族人民的勇敢和豪迈，更是传递了侗族民族精神的瑰丽和深邃。

　　民族节日如同一面镜子，反映着榕江各族人民对生活、对自然的理解与尊重，承载着当地的深厚信仰与文化传统，不仅是对祖先的敬仰，更是对民族文化的传承与弘扬。每逢节日，人们身着节日盛装，齐聚一堂，共同感受着神圣的仪式与传统的庆典，每个村寨都沐浴在祥和的氛围中。那些传统舞蹈及仪式通过"村超"赛场的展演，让更多人走

进原生态艺术文化殿堂，感受民族文化的独特魅力和深厚底蕴，体会到
民族精神的伟大力量。

2. 绚丽多姿：民族服饰总惊艳

每个周末，"村超"场外都能看到两位身穿炫彩百褶裙、头戴大花
银饰的妇女忙忙碌碌的身影。她们卖着蜡染的衣服、T恤、帽子、围
巾以及苗绣的绣片等手工制品，这些产品受到"村超"球迷与外来游客
的争相购买。

姜老本和姜老妹是贵州省榕江县兴华乡摆贝苗寨的苗族妇女，她们
是国家级非物质文化遗产传承人。因为"村超"，她们不仅为自己开
办的蜡染刺绣手工作坊中的非遗产品找到了销路，创造了收益，为寨里
姐妹们创造了就业机会，实现了自己的梦想，其产品也吸引了越来越多
的游客关注和喜爱。这样的互动不仅增进了外界对榕江地方文化的了
解，还为当地经济发展注入了新的活力。同时，她们的故事也为当地
非遗传承人利用"村超"平台保护和传承非物质文化遗产探索了新的
路径。

姜老本的服装摊之所以吸引顾客，是因为那些剔透精美的苗族银
饰、缀满彩丝的百褶裙、绣满花鸟的马尾绣、典雅华贵的"百鸟
衣"……这衣香鬓影的美，让我们看到了民族文化的力量。

银饰是苗族文化的特殊存在，被称为戴在头上的史书与图腾，是苗
族众多装饰符号中的重要标识与核心内容，它不仅是日常生活的一部
分，更是苗族文化、历史、民族身份认同的重要展示符号与表达方式。
苗族的银饰大气华贵、制作精良，兼具独特性与艺术性，尤其是人们在
节日仪式中佩戴更彰显了美感与身份感。

苗族银饰成为根植于苗族社会生活中的文化载体，银饰的图案反映了苗族民众的审美观和价值观。 银饰的造型设计极具民族特色，栩栩如生的动物形象、抽象化的几何图案，以及传承自祖辈的传统纹样，都融合了苗族人的信仰、习俗、生活等诸多元素，无不展现出苗族人对于自然元素的崇拜和再创造。 银饰图案上常见的"蝴蝶""牡丹"等吉祥图案，伴随着"蝴蝶妈妈"的传说，反映出苗族人对于自然、生命、信仰的独特理解，以及他们对于美好生活的向往。 正是这种来自内心深处的审美诉求，成就了苗族银饰独特而富有魅力的视觉效果。"村超"赛场上的苗侗银饰，一次次惊艳了观众；球场之外，观众带着对精美银饰的向往，走进榕江的银饰店，为店主带来源源不断的生意。 生意的火爆，也给榕江的银饰传承带来了新的希望。

"村超"赛场上的民族服饰（周光胜 摄）

百鸟衣是"村超"赛场上最惊艳，也是备受关注的服饰与文化遗产之一。 传统的百鸟衣以其精美细致的刺绣工艺和独特的设计风格闻名于世，是鸟图腾文化在服饰上具象化和象征化的表现。相传很久以前，一位苗族先祖幻化为一只美丽的彩鸟，为苗族人民带来了稻米和幸福，为了纪念这位先祖的贡献，苗族人民开始制作以彩鸟为图案的服饰，这便是后来的百鸟衣。百鸟衣的制作过程非常繁复，需要经过多道工序和运用精湛的刺绣技艺，苗族妇女们常常花费数月甚至数年的时间才能完成一件百鸟衣。百鸟衣上精美的花鸟图案象征着吉祥和幸福，也体现了苗族人民对自然和生命的敬畏。"村超"中展示的百鸟衣在传达民族传统文化魅力的同时，也表达了榕江民众对外来宾客的热烈祝福。

3. 佳肴美馔：就数牛瘪味最美

"人间烟火气，最抚凡人心。"

赛场内，热情大方好客的"西瓜妹"，将红润甜爽的榕江西瓜送到观众手里；赛场外，亦是热闹非凡，摊位与饭馆展示出的众多风味美食让人眼花缭乱。

2024 年，如火如荼的"村超"以美食之名邀请八方来客，"'村超'全国美食足球友谊赛"拉开帷幕，共吸引了 798 支球队报名，最终 276 支球队确认参赛。这份"有味道"的名单吊足了观众和球迷的胃口，通过美食和足球文化的跨界联结，不仅激发人们的参与热情，而且联通更多人，促进人们之间的交流和互动，让更多人了解和关注乡村的文化与生活，使友谊和美食在足球场上绽放出绚丽的风采。

"村超"用特色美食"宠粉"，其中被列入非物质文化遗产的特色美食"榕江卷粉"与"牛瘪汤"最受"村超"粉丝青睐。如今，在"村超"场地周边可以看到多家"牛（羊）瘪汤"店，有的店面打上"村超"的相关标识，吸引游客前来品尝。榕江"牛（羊）瘪汤"的再次走红印证了从异味"不乃羹"到魅力"牛羊瘪"的蜕变过程，也正是全球化时代下传统食物成为重要的文化符号和旅游吸引物的过程。

游客品尝牛瘪火锅（榕江县政府办 提供）

"牛（羊）瘪汤"又称"百草汤""不乃羹"，并非贵州独有，此饮食习俗在西南地区古已有之，尤在黔桂交界地区最受欢迎。早在唐代，将反刍动物胃中未完全消化之物加工成食物的做法在广西各地流行开来。到了宋代，更是流传着关于烹饪"牛（羊）瘪汤"的趣闻，宋代朱铺《溪蛮丛笑》中记载："牛羊肠脏略摆洗，羹以饷客，臭不可闻，食之则大喜。"明清时期，"不乃羹"成为西南地区奇风异俗的一部分，吸引着外来人前去探寻。

其实，牛瘪汤有着重要的药用价值，其起源的传说也充满了趣味性，展现了山地民族对这种特殊食品的喜爱和信仰。传说居住在山里的两兄弟依照父亲临终遗嘱，以牛羊祭奠去世的父亲。他们宰杀了一只羊，由于当地水源稀缺，兄弟俩将羊肠中的羊瘪取出来后，羊肠并没有完全洗净，但仍被煮熟用于祭奠父亲和招待前来参加丧礼的村民。其中一位村民原本患病，吃了这特殊加工过的羊肉后竟然奇迹般康复了，便向两兄弟讨要这羊汤的制作方法，后推而广之，大家纷纷照做。久而久之，人们认为是羊吃了各类包含草药的嫩草，因此食用羊瘪有益于身体健康。这个传说揭示了牛、羊瘪汤的山地属性，也说明了山地民族对这种食物的特殊偏好。

"牛（羊）瘪汤"不仅制作方法独特，口味鲜美，而且在侗族文化中扮演着重要的角色，它不仅是一种美食，更是一种文化的传承和仪式的表达。在侗族的宴会上，牛（羊）瘪汤几乎是必不可少的一道菜肴，侗族人将其视为珍馐美馔，象征着尊贵和荣耀，只有在特殊场合或迎接特殊客人时，才会特地准备。他们相信，牛（羊）瘪汤不仅可以增进人们的情感交流，还可以象征着友好和团结。每一次品尝牛（羊）瘪汤，客人们都能感受到侗族人的热情和好客，同时也在体验着他们对于美食和生活的热爱。

美食往往超越国界，也超越历史，从唐代的"不乃羹"到如今的"牛（羊）瘪汤"，曾被认为怪异的食物，如今因新奇独特的口感带给游客特殊性与差异性的体验而迅速传播，成为"村超"美食"宠粉"的一部分，在"村超"赛场内外焕发出新的生机，成为当地旅游的亮点。"牛（羊）瘪汤"的故事充分体现了食物、文化与旅游之间的紧密联系，榕江侗族村寨上演的一场场"千人牛瘪宴"，不

仅是对文化的传承和展示，也是对少数民族地区旅游魅力的生动
诠释。

4. 匠心独具：吊脚楼下议"村超"

建筑文化是一个地区丰富多彩的历史展示，隐藏着古老文化的密
码，同时反映了不同民族的独特风俗，是当地生态哲学的积淀与集中展
示。榕江的民族建筑文化存续于漫长的历史长河中，展现了特有的风
格与精湛的技艺。

贵州榕江最常见也是独具特色的民族建筑当数苗族的吊脚楼和侗族
干栏式木楼，二者皆为我国古代建筑文化的瑰宝，展现了西南少数民族
建筑的独特魅力。吊脚楼广泛应用于苗族聚居地区，一般倚山而建，
以特殊的"吊脚"支柱和青瓦或杉木皮覆盖的屋顶为特色，结构牢固，
内部空间多层分布。而侗族干栏式木楼则承袭古代"巢居"文化，建
筑鳞次栉比，层层出挑，形成"占天不占地"的特殊格局；侗家鼓楼更
是侗族建筑中的精华与杰作。村足球队组建、民族文化表演、捐款捐
物等，一般都在鼓楼或吊脚楼下商议。

历经千年的苗、侗民族建筑是民族文化遗产中不可或缺的重要组成
部分，彰显着少数民族建筑的独特魅力和历史价值。在当今倡导绿色
建筑和生态文明的时代背景下，具有可持续性以及生态友好型特点，同
时又极具民族文化内涵和智慧的苗族吊脚楼与侗族鼓楼为现代建筑提供
了有益的启示。随着时间的推移和技术的发展，这些建筑类型不断完
善和传承，在"村超"中成为吸引外来游客的一大亮点，值得我们倍加
珍惜和保护。

侗族群众在鼓楼里为游客表演（榕江县政府办 提供）

二、美美与共，和谐共生

1. 浓浓乡情：多元一体的榕江

　　众所周知，民族共同体的形成和巩固离不开以认同作为根基，而交流和互动则是关键途径。"村超"发生在多民族聚居的西南地区，其不仅以体育为媒介发展旅游与带动经济，而且其出圈现象的本质属性也使其成为铸牢中华民族共同体意识的典范。"村超"更好地构建了多元化的民族关系，促进民族团结和发展，为维护国家统一和社会稳定做出了积极贡献，为铸牢中华民族共同体意识提供了有益借鉴。

　　笔者在与榕江"村超"办及部分球员调研座谈时，大家纷纷强调："在我们榕江，少数民族虽然多，但大家都相处得很融洽。'村超'不仅

观众与民族表演融为一体（榕江县政府办 提供）

是一场比赛，更像是一个大家庭在联欢。 在球场上，参加'村超'的足球队员们来自不同的村寨、不同的民族，有的是侗族村寨，有的是苗族村寨，有的是多民族混居的村寨；裁判可能是苗族，可能是侗族，也可能是汉族或其他民族。 他们在一起比赛，没有谁关注过谁是什么民族，大家都是一体的。"

这种融合也延伸至看台上的球迷与观众。 在"村超"球场的看台上聚集了来自全国各地的各民族球迷，他们也融入这欢乐的氛围，一起欢呼雀跃。"村超"更像一个民族融合的大舞台，共同体形成的文化磁场。"村超"团结着各个民族，不同民族汇聚在这里，没有了民族的身份差异，大家都是中华儿女、都是中国人，为了共同的热爱，聚在一起、乐在一起。

2. 石榴抱团：空前的民族大融合

在新时代的中国，民族团结已成为社会发展的重要基石。 随着

"中华民族一家亲，同心共筑中国梦"理念的深入人心，各民族之间的交流与合作也不断增强。"村超"作为各民族自发组织的乡村体育赛事，体现了民族平等、团结、互助与和谐相处的文化传统。

"村超"球场上的民族大联欢（榕江县政府办 提供）

从赛程的组织安排、规则的制定、节目的编排表演到奖品的设置，均由村民自发组织、决定和实施，充分体现了群众的主体地位。 在这一过程中，政府则在幕后提供服务保障，确保赛事的顺利进行。 这种模式不仅增强了村民的参与感与归属感，更促进了不同民族之间的相互理解、沟通与尊重。 在这个平台上，各族人民能够平等地参与到体育活动中，享受体育赛事的乐趣，共同欢庆胜利。 而赛事现场丰富多彩的民族歌舞、绚丽夺目的民族服饰以及独特的民族美食，又进一步促进了各民族之间的文化交流。"村超"赛事突破了民族、职业、地域和社会阶层的界限，真正实现了民族平等与民族团结。 值得一提的是，在

"村超"美食邀请赛中，来自外地的民族同胞为赛事带来了精彩的民族表演，增进了各地区各民族之间的交流与互动。如内蒙古同胞来到"村超"，所展现的互动场景让人难忘：观众齐声呼喊"欢迎内蒙古的朋友来做客"，而内蒙古的同胞则通过网络视频积极回应"奶茶已备好，酒肉管你饱"。这种温情互动的场景不仅展现了不同民族之间的深厚情谊，而且加深了不同民族对彼此文化的理解与认同，展现了中华各民族大家庭如"石榴籽"般紧紧抱团的美好景象。

3. 鲜活实践：铸牢中华民族共同体意识的生动案例

从某种程度上说，"村超"无疑是促进民族团结与增强文化认同的重要平台，是铸牢中华民族共同体意识的典型实践。

在价值引领方面，中华民族共同体不仅是一个利益共同体，更是一个价值共同体、情感共同体及身份共同体。从其外在表现来看，中华文化的传承与弘扬是实现价值共同体的主要途径，而经济发展以及利益与安全保障则是利益共同体得以形成的基础。"村超"为价值共同体、情感共同体、利益共同体的塑造提供了平台和契机。

在动力引领方面，"村超"姓"村"，做到了充分依靠当地群众，发动当地群众，从群众中来到群众中去，尊重当地民众的想象力与创造力。人民主体性、创造性的充分彰显，是"村超"打动人心并引发共鸣的关键，印证了中华民族共同体意识"依靠谁"的问题。

在创新引领方面，铸牢中华民族共同体意识的内生动力需要依赖各方面的创新发展，而内容创新被视为核心要素。少数民族文化作为中华优秀传统文化的重要组成部分，需要在保护传承中秉持文化自信，并在其发展过程中，适应时代的变迁，融合现代元素，以增强其生命力和适应性。"村超"的出现似一股春风，根植于创新的土壤之中，成为铸牢中华民族共同体意识的内生动力，并推动中华优秀传统文化的创造性转化和创新性发展。"村超"的融合创新丰富了观众的沉浸式互动体验，打破地域界限，增进各民族之间的交往交流交融，增强了中华文化的深刻认同，进一步夯实了中华民族共同体建设的基础。

三、文旅"顶流"的赞歌

1. 借势造势：品牌流量的呈现

"看完'村超'看什么"，这可不是一个简单的问题。"村超"本身就像是一个巨大的旅游吸引物，成功将游客和球迷吸引到了贵州榕江，但要让这些游客和球迷心甘情愿地留在榕江，可不能只有刺激的比赛与飞起的足球，还要让大家领略到榕江更多的精彩，做到"看足球、看文化、看风景"，能够不断探秘榕江、体验榕江。

在中国，足球是最具有话题性的体育项目之一。"村超"本是乡村足球赛事，具有乡土性，并非新奇之物，但运用传媒策划推广，乡村足球超级联赛会让人浮想联翩，逐渐形成巨大的热点话题，品牌流量也随之显现。

依托"村超"品牌影响力，打造好守护好"村超"品牌是榕江文化旅游发展的重中之重。"村超"成功的要点之一无疑是"村超"姓"村"，因此尊重人民首创精神、保持"村超"原有的纯粹性、防止资本无序介入最为重要。"村超"成功将足球运动和特色民族文化、美食文化融合，打造"体育+民族文化""体育+美食文化"特色品牌，球赛和民俗活动同步上演，既是足球的盛宴，也是文化的华筵。随着"村超"品牌影响力不断扩大,"村超"运营获得的收益越来越多,那么,对"村超"品牌实行公益化管理也势在必行,其收入应多用于乡村体育公益事业、村集体经济、球队和啦啦队活动经费、青少年足球发展、农村基础设施建设、民生保障等,确保"村超"品牌取之于民、收益用之于民。

对于借势"村超"IP发展相关产业链来说,首先,借势"村超"品牌,深入挖掘和有效盘活非物质文化遗产十分必要。榕江的民族文化资源突出,蓝染、蜡染、刺绣等民族文化创意产业发展迅速,专门建有民族工艺品加工基地和非遗旅游体验场所。因此,应积极探索"非遗+文创+旅游"融合发展模式,精心打造蓝染文化旅游全产业链品牌,创制独属"村超"、独属榕江的旅游商品和文创产品,带动乡村产业发展。

其次,借势"村超",依赖本土资源,打造农文旅全产业链融合品牌十分紧迫。专门打造醉牛之旅、非遗研学之旅、红色之旅、寻蓝之旅等旅游线路,在其中可延伸出康养、研学、生态、亲子、暑期游等多种旅游路线组合。随着"村超"吸引的外来游客不断增多,"生态山居"民宿品牌在榕江发展起来,依托于榕江的大利侗寨、加宜苗寨、小丹江苗寨等村寨特色优势,采用"政府引导+社会资本"模式,加大对民宿产业的政策扶持力度,鼓励民宿集聚发展,支持民宿品质提升,持续拉动民宿经济的多元化投入,推动全县民宿产业发展,打造一条传统村落生态山居精品民宿示范产业带。民族节日是榕江人民的日常,借助"村超"的品牌影响力,树立起榕江民族文化节庆品牌,更有助于榕江旅游的发展。将侗族萨玛节、苗族鼓藏节、水族瓜节、瑶族盘王节等节庆做成品牌,将踩芦笙、鼓楼对歌、跳多耶舞、爬窗探妹等民俗活动作为主打项目,既可以尽展非遗风采,又可以促进文化旅游市场释放消费活力，推动旅游经济增长。 依托"村超"品牌影响力，深入挖掘"村超"赛事的市场价值和产业潜力，聚焦"吃住行游购娱"六要素，推动"超经济"全面发展。

2.实力"宠粉"："头回客"变"回头客"

在"村超"带动下，全国各地的游客纷纷涌入榕江县，这对于只有38.5万人口的西南偏远小县来说，无疑带来了前所未有的接待压力。然而，当地居民展现出了令人钦佩的热情与慷慨，整个县城物价稳定，当地民众自发提供自家特产，如卷粉、西瓜和酸梅汤等食物到现场免费供游客品尝。 一些居民更是主动邀请游客免费入住家中，彰显了当地少数民族"慷慨大方"和"互助共济"的传统美德。 这是榕江实力"宠粉"的真实写照，也是让众多"头回客"变成"回头客"的原因。

具体而言，榕江提升"村超"品牌，广泛拓展客源，"引客"才是重中之重。 榕江应把景区串珠成链，做到线路互推、游客互送、资源互享，实现"特意性"与"随意性"有效结合。 开发打造一批网红打卡地，让游客玩得开心，来了不想走，走了还想来，使更多的"头回客"成为"回头客"。 还有购物"宠粉"，展销榕江"超好购"的产品。 农特产品和非遗工艺品实行线上线下一体销售，为游客提供多样化的旅游商品。

3.赛事旅游："体文旅+互联网"的新赛道

人们对足球的热情如同涓涓细流，源远流长，浸润着榕江的每一个角落。 因而，"村超"的崛起与火爆并非偶然，是榕江人民80多年足球传统的结晶，是数十年民间自发组织的结果，这种对足球的热爱，是榕江深厚文化的展现。 政府的积极引导与广大民众的积极参与推动了榕江现代足球文化的建设，使体育、赛事、文化、旅游等都逐渐焕发新活力。 如今，足球已不仅是一项运动，更成为榕江人民团结的纽带，激发着无数人共同追求梦想的激情。 榕江新老文脉交融，促使赛事旅游在"体文旅+互联网"的新赛道上越走越好。

"村超"火爆后，榕江应立足"贵州体操之乡""贵州省优秀体育后备人才基地""全国县域足球典型"等资源禀赋，发展各项体育事业，在体操、足球、攀岩等优势项目上，持续培育出一批国家级、省级优秀体育人才，形成"人人参与、层层选拔，全县联动"的体育培育格局，不断擦亮榕江体育名片。

持续火爆的"村超"成为中国乡村"现象级"赛事，被央视新闻评为"是中国式现代化实践的生动诠释"。 榕江应发挥"文化千岛"优势，深挖民族文化，在持续办好"村超"的基础上，增强比赛竞技性、表演观赏性、互动趣味性，以多种形式策划和举办旅游项目，发挥赛事的带动作用，以赛促旅，吸引更多游客球迷到榕江打卡旅游。 如通过举办萨玛节、招龙节、生态羊烧笋节、兰花交流会、众牛对抗赛等活动，将"村超"流量导入乡镇村寨和周边景区，带动乡村旅游发展。

第六章

"村超"透显的生活逻辑

　　"村超"的渊源有自，"村超"的顺时应变，"村超"的快乐主题，"村超"的精华荟萃，"村超"的目标远大，"村超"的运筹谋划，"村超"的大众托举，"村超"的富民追求，"村超"的志趣超然，诸如此类的"村超"面相，无不体现了生活的韵味色调，无不蕴含了生活的智慧逻辑。"村超"的源头在生活，"村超"蕴含着现实生活世界的内在逻辑。

贵州村超

"村超"
闯新路

我们对"村超"现象的解读总体上可概括为两句话:"快乐足球成就快乐'村超';生活世界演绎生活精彩。"快乐足球始终是"村超"最鲜明的特色主题,快乐"村超"就是大众欢聚的共享盛宴;生活世界始终是"村超"演绎的舞台,生活逻辑则是"村超"背后隐藏的成功密码。"村超",既不离"村",也不离"超"。"村"使其具有乡村生活的"村味"底色,"超"则意味着其不断超越的发展态势。 不离生活常行远,更上层楼又一村,既是对"村超"现象的当下解读,亦是对其美好愿景的未来期待。

一、生活之源

1. 生活世界本最真

哲学社会科学向生活世界的回归,被喻为西方 20 世纪哲学的重大转向之一。 20 世纪哲学的生存论转向、解释学转向,反基础主义、反本质主义的后现代思潮,西方马克思主义等,无不与回归生活世界的旨趣相关联。 胡塞尔、维特根斯坦、许茨、海德格尔、列菲伏尔、哈贝马斯、赫勒等理论家从不同层面推动了这一转向。"生活世界"作为一个哲学概念,最早由德国著名哲学家胡塞尔在其晚年著作《欧洲科学危机和超验现象学》中提出,它随后被兰德格雷贝、梅洛-庞蒂以及哈贝马斯等人重述和引申，进而几乎成为 20 世纪哲学的世纪话题。"回归生活世界"，一方面意味着，生活世界并不是一个外在于我们的陌生概念，它原本就是我们生存于其中的境遇；另一方面说明，确实因为某种原因，它在我们的文化和历史中被超越或遗忘，我们需要重新关注并返回到它，充分认识到它是我们的科学世界、文化世界、形而上的理性世界之所以产生的基础和本源。　我们的一切思想和文化，都需要高度关注它，深刻揭示出与它的内在关联并以之为基础，才具有真实可靠的有效性和现实性。"生活世界"是胡塞尔晚期哲学中一个极具影响力的核心理论。　在《欧洲科学危机和超验现象学》这部未完成的著作中，他强调了"生活世界"的主题。　在《生活世界现象学》中，他更集中阐述了"生活世界"的内涵。　在胡塞尔的研究中，"生活世界"是指人们日常生活中的世界，包括人们的经验、情感、意识等。　胡塞尔认为，现象学研究应该从生活世界出发，通过对生活世界的观察和分析，揭示出其中的本质和结构。　在胡塞尔看来，生活世界是人们最直接、最真实的经验世界，是一切知识和意义的源泉。　通过对生活世界的研究，可以深入探索人类意识和经验的本质，揭示出现象学的基础和可能性。

　　相比于西方，中国文化传统中没有远离生活世界的困扰，反而强调要在人们的日常生活世界中去体悟道的存在。"百姓日用即道"的传统表明，道就存在于老百姓的日常生活世界当中。　这一传统的源头可上溯到《周易》。《周易·系辞上》说："一阴一阳之谓道，继之者善也，成之者性也。　仁者见之谓之仁，知者见之谓之知，百姓日用而不知，故君子之道鲜矣！"一阴一阳之谓道，百姓日用而不知。《论语》这部儒家最重要的经典，并不具有严密逻辑体系，它只是在人们的日常生活世界中随缘点拨，揭示道的存在，为中华民族挺立起"至仁大义"这个千年人极。王阳明揭示"良知"是"不离日用常行内，直造先天未画前"，"良知"就是在百姓日常生活中呈现的。他还说："日用间何莫非天理流行，但此心常存而不放，则义理自熟。"[①]阳明弟子王艮继承了这一传统，认为"圣人之道"以"百姓日用"为旨归，强调"愚夫愚妇与知能行便是道"[②]。总之，"百姓日用即道"的传统，使中国文化深深植根于人们的生活世界当中，并无脱离生活世界的困扰。

2. 生活世界中的"村超"

"村超"为什么火？因为其中蕴含着人们对人生梦想的坚守执着、对美好生活的不懈追求。生活，是"村超"的源头，是"村超"的舞台，更是"村超"的归宿。"村超"来源于大众生活，呈现了大众生活，更提升了大众生活。生活的需要满足，生活的劳动协作，生活的交往交流，生活的快乐享受，生活的幸福追求，是擘画"村超"的多彩画笔，共同绘就了"村超"这一精美图案。"村超"的元气、大气，就来源于大众生活的地气、底气。基于大众生活普遍性的常识、常情、常态、常规、常理、常道，是"村超"持续出彩的活力源泉。大众的日常生活世界成就了"村超"。

"生活味"是"村超"的全景呈现。"村超"呈现了当地人淳朴、精彩的生活世界。在榕江地域，"卷起裤脚下田，放下裤腿上场"，成为人们生活的常态，这是对"村超"赛事活动"村味""生活味"的生动形象写照。赛事活动时间节点的安排，遵循的是大众生活的节律；发

---

① （明）王守仁撰《王阳明全集》（上），吴光等编校，上海古籍出版社，2011，第163页。

② 龚杰：《中国思想家评传丛书：王艮评传》，南京大学出版社，2011，第71页。

村民用竹篓挑着小香鸡上场（榕江县政府办 提供）

放的奖品更是当地人生活中平常享用之物；展示最多的也是当地的民族风情。总之，去除虚文伪饰，展现真实的日常生活，用植根于人们日常生活的世界去演绎自身的精彩，正是“村超”最突出的特色。

二、功成于众

1. 众人拾柴火焰高

功成于众，这一判断表达来源于人们生活中的经验总结，反映了人们生活中干事创业的普遍状态。人们生活在这个世界上，每个人都不是一座孤岛，都不可能仅靠自己的能力去解决各种问题，这就需要举众力、集众智。积力能克敌，众智能成事。生活中要成就大功，凭借的往往不是一己之力，而是众人拾柴火焰高，仰赖多人的集体合作。功成于众，群体的力量越能积聚，这个群体就越强大，做事成功的可能性就越大。

功成于众的认知逻辑由来已久，最早的表述源自《文子》一书。书中称："用众人之所爱，则得众人之力，举众人之所喜，则得众人之心，故见其所始，而知其所终。""得众人之力者即无不胜也，用众人之力者乌获不足恃也。""积力之所举，则无不胜也，众智之所为，则无不成也。千人之众无绝粮，万人之群无废功。"①这些论述表明，只有得众人之力才能成就大事。习近平总书记在世界经济论坛 2017 年年会开幕式上发表主旨演讲时亦曾引用其中名句。他说："'积力之所举，则无不胜也；众智之所为，则无不成也。'只要我们牢固树立人类命运共同体意识，携手努力、共同担当，同舟共济、共渡难关，就一定能够让世界更美好、让人民更幸福。"②大功之成，必举众力。所谓众志成城，所谓群策群力，也都表达了相近的意涵。

功成于众的生活逻辑背后，可延伸出这样一些观念和内涵：民为邦本、本固邦宁的民本思想；人民群众是历史的创造者，是推动历史进步的决定性力量；为人民服务、为人民谋幸福的目标追求；从群众中来，到群众中去的工作方法；发展为了人民，发展依靠人民，发展成果由全体人民共享的以人民为中心的发展思想；等等。人民就是大众，大众就是人民。功成于众的生活逻辑，意味着人民群众是我们干事创业的最大依靠，也是我们事业成功的根本保证。

---

① 《通玄真经》（即《文子》），载李定生、徐慧君撰《文子要诠》，复旦大学出版社，1988。
② 习近平：《共担时代责任 共促全球发展——在世界经济论坛 2017 年年会开幕式上的主旨演讲》，《人民日报》2017 年 1 月 18 日，第 2 版。

2. 功成于众体现在"村超"的政府决策方面

广纳群言，广集众智，以民意的广度提高决策的准度，正是"村超"背后的明智之举。"村超"的组织者始终坚持"人民体育人民办、办好体育为人民"的理念，才让"村超"有了今天的局面。为了办好"村超"，打造杰出品牌，榕江县广泛发动群众，动员全县上下开展"我为'村超'干点啥""如何守护'村超'""我为'村超'氛围营造做点啥"等"思想解放三部曲"活动，通过大讨论促进全县范围思想大解放，让人人成为"村超"文化品牌的创建者、参与者、享誉者、守护者、受益者。

通过开展"我心中的'村超'"征文活动，深入挖掘和传播榕江群众骨子里对足球热爱的好故事、好声音，收集到 600 多篇文章，共计50 多万字。[①] 为了集中大众智慧，榕江县努力用好人才库创意"金点子"，激活智慧新动能，使之更好服务于政府决策。在"村超"策划初期，政府曾经召开多次头脑风暴会议，有效整合了很多民间策划人才的创意想法和金点子。

为推动榕江高质量发展，榕江提出并实施了县域"聚才行动"，建立人才顾问、名誉村长、"村超"文化产业特派员等制度，全面引进利用好各类优秀人才，引导他们出谋划策，为"村超"发展提供强大智力支持。全县还组建了榕江县校友总会，共吸纳了 1.8 万多名优秀榕江籍的乡贤和校友，通过人才吸引人才、人才带动人才等方式宣传点赞"村超"、公益助力"村超"。各类优秀人才成为"村超"出圈的关键

---

① 榕江县人民政府办公室：《贵州"村超"基础材料汇编》（内部资料），第37页。

"村超"第八次头脑风暴会（谢敏 摄）

推动者。 总之，在政府决策过程中，坚持群众路线，广泛依靠群众、广泛发动群众、广泛汇集群众智慧，为"村超"的出圈奠定了坚实的基础、提供了不竭动力。

3. 功成于众体现在"村超"的赛事参与方面

在创办"村超"的过程中，榕江县总结出了一条重要经验：要塑造一个成功品牌、打造一个长久不衰的文化 IP，核心在于坚持以人民为中心，践行人民主体、人民主创、人民主推、人民主接的赛事创办理念，动员群众广泛参与，形成一套"发展靠群众、群众靠发动、发动靠活动、活动靠带动"的贯彻群众路线的工作方法，政府绝不能大包大揽，否则活动将很有可能不可持续。

大厦之成，非一木之材也；大海之阔，非一流之归也。 全民参与，使"村超"不仅具备了广泛深厚的群众基础，同时也为其注入了源源不断的旺盛活力。 作为一项由群众自发组织起来的乡村体育竞技活动，"村超"的主动权始终掌握在广大民众手里，民众在台前当家作主，政府在幕后做好服务保障。"村超"坚持了人民主体，"村超"赛事的队伍组建、赛程安排、晋级规则、节目表演等都由村民自发组织、自行决定、自主实施；"村超"坚持了人民主创，赛事中呈现的侗族大歌、芦笙舞、木鼓舞、齐跳多耶、珠娘郎美等民族歌舞和神秘水族文字"水书"、鼓藏节仪式、草编金牛金龙金凤凰等富有"村味"的加油助威活动，都是人民群众发挥自身智慧和创造力自行创作的；"村超"坚持了人民主推，村民自发拍摄制作"村超"精彩进球、感人画面在自媒体平台上发布，宣传推介榕江；"村超"坚持了人民主接，热情好客的榕江人自发组成车队免费接送游客、为游客提供住宿、制作美食供游客品尝，积极主动回答游客疑问，真正营造起"人人都是形象大使、处处体现流量担当、事事关系'村超'品牌"的赛事活动氛围。 总结"村超"，归根结底，人民，只有人民，才是"村超"品牌的真正创立者。

4. 功成于众体现在"村超"的内容呈现方面

"村超"被赞誉为一场文化旅游的盛宴，不只在于它所营造和显示的快乐足球氛围，还在于它精彩丰富的内容呈现。 从球场竞技到服装展演，从美食品尝到助威呐喊，从侗族大歌到苗族芦笙舞，从当地民俗到各地非遗，从明星献唱到万人蹦迪，"村超"的内容呈现丰富多彩，已经大大超越了单纯的足球赛事带给人们的快乐。"村超"与其说为游客提供了一次旅游观赏，毋宁说提供了一种生活体验。

精彩丰富的内容呈现，让"村超"成为一个人们体验生活、品尝快乐的舞台。 而精彩丰富的内容呈现背后，则是许多人默默无闻的辛苦

把丰收的生活场景搬上"村超"（周光胜 摄）

付出。 比如：2024 年 7 月 13 日"村超"半决赛，著名服装设计师李昌德带来了他的民族服饰秀节目《华彩盛世民族风》，700 名模特身着原创服装隆重登场，500 套华丽服饰走秀全程，为观众奉献了一场热烈、多彩、高规格的视觉盛宴，向世界展示了贵州民族服饰的美；党项村的小小啦啦队演出的舞蹈《花开新时代》创意独特，萌翻全场；黔东南州天柱县助力"村超"半决赛，献唱《侗寨情歌》；岑巩县的《思州非遗秀》霸气助威"村超"半决赛，183 面战鼓雷动，300 人的啦啦队成员入场；罗甸县非遗展演《布依姑娘制新衣》，则展示了布依姑娘水灵又勤劳的一面。 众多的精彩节目，丰富的内容呈现，背后是一名名参与者的时间、精力和辛苦的付出，"村超"的火爆出圈，归功于大众托举。

5. 功成于众体现在"村超"的宣传推广方面

从传播的角度看，"村超"的成功得益于移动互联网时代智能设备的广泛普及，以及短视频和直播应用的兴起。 村民们拥有了前所未有的媒体接触权，表现出强大的内容创作和传播能力。 他们不仅是内容的制作者和传播者，同时也是故事的讲述者和观众，直接通过媒介平台分享传播自己的乡村故事。 这种自发性和群众参与度，使"村超"具有了强烈的社区归属感和集体荣誉感，每个参与者都是赛事的一部分，共同为村庄的荣誉而战。

"村超"新媒体专班在认真讨论（王永杰 提供）

在"村超"的宣传推广过程中，榕江县摒弃了以往举办活动宣传信息以官方媒体发布为主或首发的传统做法，创新宣传渠道，通过"官推民办"方式，建立无数的"村超"自媒体账号，短时间内形成了"主账号+子账号"的新媒体传播矩阵。全县累计培育出1.2万多个新媒体账号和2200余个本地网络直播营销团队。为了让整体的传播营销更加市场化、专业化，榕汇县成立了"村超新媒体专班"（简称"专班"），专人专岗、特事特办。专班主要工作就是负责组织当地参加过直播培训的农民，根据特定主题深入榕江各个场景拍摄视频，并提交"视频库"。再由专业运营人员根据主题剪辑、包装并传播出去，通过新媒体传播，不断提升热度。利用新媒体强势宣传，是"村超"成功的重要一环，而强势宣传的背后是强大的人力支撑。"村超"的成功得益于宣传方面的大众参与。

6. 功成于众体现在"村超"的后勤保障方面

在"村超"的赛事组织和提供服务方面，政府在背后做了大量后勤保障工作。为了办好"村超"，榕江县党委政府始终与人民群众的期盼相向而行，他们在思想上达成了空前统一：一定要把全县38.5万名群众期盼的"村超"办好，以实际行动回馈群众期盼。在赛事活动中，政府各部门通力协作，为维护现场秩序投注了大量心力，采用了诸多高科技手段，保障来榕江的大量观众进得来、待得住、走得了，没有出现任何安全事故。从群众提出需求到主动找准群众需求，变被动为主动，打破常规转变服务方式，提高履职尽责的能力和水平，为赛事的成功举办和游客的快乐体验提供了细致入微的服务。比如：交通部门主动与街道志愿者联合进行交通疏导；市场监管部门主动划定"经营区线"、主动开展免费食品留样、主动进行磅秤抽检；公安部门与法院、检察院联合开展场内外的巡逻和普法宣传；县卫健工委组织救护车全天值班，中医院医护人员到现场免费发放消暑中成药；等等。总之，在"村超"创办过程中，各个职能部门基于自身的工作职责，把工作做细做实，持续不断为"村超"赛事提供后勤保障，使"村超"在各大传播平台上始终保持了正面形象而几乎未出现任何负面信息。"村超"的成功，政府各部门全力保障功不可没。

三、与时俱进

1. 与时俱进体现在政府谋划发展的思路创新上

榕江县是贵州最后一批摆脱贫困的县，经济社会发展明显滞后。如何实现本地经济社会的跨越式发展、实现后发赶超，始终是摆在当地政府面前的一道难题。面对这道难题，县委、县政府主动转变观念，通过打造"村超"品牌，为地方发展拓展了一片新天地。全县根据习近平总书记对贵州提出的"四新"重要指示，从"在实施数字经济战略上抢新机"中找到了发展数字新媒体赋能乡村振兴的新路子，提出"让手机变成新农具、让数据变成新农资、让直播变成新农活"的"三新农"数商兴农的发展思路。榕江立足比较优势和足球传统，选定乡村足球 IP 作为新赛道，坚持全民参与、共创共建，推动了"村超"火爆出圈。俗语说，转念便是转运，理念变则天地变，理念不变原地转。榕江县政府与时俱进、打破陈规的思路创新，找到了地方发展的突破口，直接促成了"村超"品牌的形成，使其成为当地经济社会发展的新引擎。

2. 与时俱进体现在快乐足球项目的选择上

榕江选择"村超"这一群众性体育赛事项目,是其幕后团队经历一次次失败后不断总结经验、持续探索的结果。"村超"的火爆出圈并非靠一时运气,而是基于其与时俱进、厚积薄发的项目选择。 在"村超"破圈之前,自2021年底以来,榕江为打造县域文旅品牌,先后探索策划了"乐里侗年+斗牛""大山里的CBA+民族文化""苗族鼓藏节+乡村民宿""侗族萨玛节+半程马拉松""乡村篮球赛+民族文化"等5次"融合式"县域IP塑造活动,受限于外界对地方性知识文化传统的理解和认同不足,以及全国非遗资源产业开发同质化等因素影响,这些尝试尽管取得了一定成绩,但均未形成广泛影响和可持续效应。 于是,通过不断总结,榕江最终选择了更有群众基础、更具地域优势、更具竞争趣味、更能积攒人气、更为大众所喜爱的乡村足球,进行第6次县域IP塑造尝试,把足球赛事与民族文化、非遗美食、淳朴民风等相结合进行融合式创新,最终成功塑造了"村超"品牌。

3. 与时俱进体现在品牌打造的总体战略上

榕江县打造"村超"品牌初期,就系统谋划提出"'村超'行动三步走"战略。 第一步:用"神秘多彩民族文化+全民足球氛围+新媒体运营"推动榕江"村超"出圈;第二步:发起全国美食足球邀请赛,用"各地美食+民间足球友谊赛+村超风口流量共享"点燃全民足球氛围;第三步:发起"一带一路""村超"国际友谊赛,以足球为媒、让文化搭台、用经贸唱戏,主动融入并服务国家"一带一路"倡议,将"村超"打造成为"一带一路"国际传播和民间交往的文化平台。

为了快速打造"村超"品牌，榕江县与时俱进，采取了非对称、差异化、融合式创新的战略。榕江县领导这样解释："弱者想要追上强者，绝对不能跟着强者的步伐竞争，我们一定要采取非对称作战，走差异化路线。在原有的赛道上，我们根本打不过别人，那就选择新的赛道；在原有的单打的技术方面，我们打不过别人的时候，我们就采取组合拳，搞融合式创新。所以'村超'世界杯，跟现有的世界杯，我们不会跟他们硬碰硬的，我们就是搞差异化。世界杯是做职业足球，我们就做非职业足球；世界杯做商业足球，我们做非商业足球；世界杯做竞技足球，我们就做快乐足球；世界杯做金字塔顶尖的豪华巨星的赛事，我们就做真正的民间的草根球星的创造型的赛事。世界杯四年搞一届，我们这边一年搞一届。总之，我们要跟它不一样。"①榕江县在"村超"品牌打造的总体战略上，与时俱进，采用非常规、非对称、差异化、融合式创新战略，找到了一条县域品牌塑造的新路。

4. 与时俱进体现在打造城市 IP 的传播探索上

在流量经济迅速发展的当下，通过融合传播方式抢占用户注意力资源，已经成为移动互联网时代经济活动的中心环节，利用短视频的裂变传播效应快速扩大影响，已经成为塑造和推广城市旅游品牌的关键策略。利用新型传播方式，打造超级城市 IP，是"村超"品牌创建的重要环节。在这方面，榕江县与时俱进的探索创新值得肯定和借鉴。

在推动"村超"赛事火爆出圈的过程中，榕江县有效结合了传统媒体与新媒体平台各自的优势，采取了一种融合传播方式，保障了"村

---

① 资料由榕江县人民政府办公室提供。

超"赛事信息的全方位推送。《一起看村超》仅在央视频端观看量就达5749万人次，全网观看量超1亿人次，相关内容全网播放量超350亿次，充分抓住赛事亮点，完成了赛事与品牌的完美融合。 除了官媒的大力助推，"村超"赛事还依靠新媒体传播，采取了一种"官方引导，民间参与"的创新策略，使赛事传播效果呈现典型的裂变特征。 通过自建传播素材流量池，总结大数据流量推送规律，万人军团分发创作优质内容在新媒体平台上引起裂变，持续推介"村超"背后平凡人物真善美的感人走心故事，让"村超"在最短时间内实现现象级正能量传播，引发广泛的传播热潮和社会反响。 创新的传播方式使"村超"在短时间内从一个小范围的事件发展为广受瞩目的社会现象，其传播的力度、反响、参与人数以及影响力都经历了快速变化，实现了传播内容和效果的广泛扩散。

5. 与时俱进体现在对旅游发展趋势的适应上

伴随着城市化进程的迅猛推进、国民生活质量的显著提高，都市人对休闲度假的需求与日俱增，大众旅游产品的开发已经由资源导向型逐步转向生活导向型。 生活化、沉浸式的旅游逐渐成为旅游发展的新趋势。 在国内，国民旅游在经历了走马观花式的"观光游1.0时代"，到背包式自助式的"旅行2.0时代"后，越来越多的人开始崇尚高品质的旅居生活，休闲度假式的"旅居3.0时代"逐渐风靡。 旅居3.0时代将会再次对行业进行颠覆，通过网络打通整条旅游产业链上各方信息，个性化定制化的旅行将会成为日常。"村超"之所以广受欢迎，源于其深植民间的足球基础，对当地民俗文化进行的有效整合，以及利用网络为游客提供的定制化便捷服务，这些元素组合近乎完美地为游客呈现一场场既纯粹又多彩的民俗体育盛宴，让人沉醉其中，乐而忘返。在榕江看"村超"，就是让游客身临其境体验一次快乐足球带来的快乐生活。

四、广大精微

1. 广大精微的生活逻辑

广大精微，其完整的表达是"致广大而尽精微"，语出儒家经典《中庸》。其内涵是：既要致力于达到广博深厚的境界，又要尽心于精细微妙之处。广大精微，蕴含了生活中大与小的辩证法，是生活中普遍遵循的逻辑。

无论对于为政者还是普通百姓，广大精微，都是干事创业获得成功的普遍遵循。"致广大"是大处着眼，学会"抬头看"，谋划时统揽大局，从长远角度考虑问题、把握方向；"尽精微"是小处着手，学会埋头苦干，操作中细致精当，在细节上扎实用力、精益求精。二者相辅相成、不可割裂。只有"尽精微"不去"致广大"，就好比"盲人摸象"，只知局部，不识整体，难免陷于偏颇。反之，只有"致广大"不去"尽精微"，则如同一屋不扫不足以扫天下，陷于志大才疏、眼高手低困境。生活中的名言，如"不谋万世者，不足谋一时；不谋全局者，不足谋一域""人无远虑，必有近忧""尽小者大，慎微者著"等，都是对其内涵的表达诠释。

2. 尽精微：慎微求精显优势

尽精微，是"村超"获得成功的重要支撑。为了办好"村超"，打响"村超"品牌，榕江县努力提升接待能力，在"吃住行游购娱"各方面不断改善软硬件环境，极尽精微，努力发掘自身的地域和特色优势，以塑造"超好"系列品牌，推动农文体旅商融合发展。 一方面是"慎微"，有关部门谨慎对待每一处细节，努力提供优质精细服务。 比如，为了及时通报信息，赛事组织部门以纯手工绘制黑板报的形式（尽管这种方式已略显落伍却切合实用），通过随时栏目更新，将美食打卡、比赛信息、游玩指南"一板打尽"，可谓把"村超"的细节感拉满！ 另一方面是"求精"，无论是精品线路的设计、精美食物的制作，还是精彩赛事的安排，抑或精细周到的服务，都体现了榕江人的"求精"追求。总之，极尽精微，让榕江县的资源优势得以更好发掘，也为"村超"奠定了更加厚实的品牌基础。

3. 致广大：站在全局谋长远

在尽精微的同时，致广大也一直是"村超"追求的目标。 当初谋划"村超"分三步走，说明其最初的谋划就是着眼长远的。 其战略眼光不只局限在发展旅游方面，更着眼于当地经济社会发展全局。 相较于各类商业性文体旅游活动，"村超"呈现高度的开放性和包容性，对活动参与者和观众的门槛要求均较低。"村超"赛事坚持不收门票、开放办赛、保持土味儿，并为有意愿的民众提供展示才华、展现自我的平台。 消费成本低和自媒体传播成为"村超"初期快速传播的关键性催化因素。 局域内开发争取获得局域外认同，是"村超"初期的发展之路。 这条道路不仅吸引了大量民众的自发参与，在外也迅速扩大了影响力。

"村超"的发展不光放眼天下，还一步步努力实现联通天下。 伴随

着“村超”的火爆，“村超”致广大的进程加快，规模不断扩展。盛名
之下，商业赞助的厂商来了，赛事合作的球队来了，世界知名的球星来
了，献唱助阵的明星来了，兄弟县市的助力来了，热爱足球的球迷来
了，不同国家、不同肤色、不同语言的旅游者也来了，他们一起奔赴榕
江，共享“村超”这场文旅盛宴。“村超”已经逐步走上国际化之路，
成为具有世界影响力的体育赛事和知名品牌。

要完整描绘“村超”致广大的进程是困难的，这里暂举两个方面的
实例。比如，在赛事合作方面，在2023年9月2日晚举办的2023年服
贸会系列活动上，贵州“村超”与英格兰足球超级联赛（英超）在北京
签署战略合作协议，双方计划开展培训课程和内容互动，并考虑筹办社
区足球友谊赛。为了推动与“英超”深度合作，加大“学转英超”基
层足球培训，榕江县计划引进3个以上足球学校来榕办学和5个以上青
训团队来榕发展足球事业。又比如，在商业合作方面，榕江县采取联
名、授权、冠名等方式选商择资，开展“村超”招商引资活动。

绿茵场上激情四射的足球比赛和热情洋溢的民族歌舞，让“村超”
不仅在国内迅速“出圈”，也逐渐产生了世界性影响。“村超”的发展
势头依然强劲，致广大的进程仍未停息。

五、精华荟萃

1. 精华荟萃引致“村超”火爆

景观内容的稀缺和多彩，是旅游项目最大的吸引力。多数人旅
游，看的就是稀奇，观的就是养眼，赏的就是多彩，这是人们旅游生
活的常态。在“吃住行游购娱”旅游的各个环节，如何添加更具吸

引力的内容元素，如何荟萃各方面的精华，带给旅游者赏心悦目的良好体验，是旅游项目爆火的重要前提条件。在"村超"平台，快乐足球引领潮流，民俗展演增色添彩，民族歌舞赏心悦目，传统美食美味爽口，共同绘制出一幅以快乐足球、民族文化和地方美食为笔触的乡村生活图景。从最初的村民自娱自乐到成为全国甚至世界知名的乡村体育赛事，"村超"以当地的乡村足球赛事为基础，通过不断运营打造，集聚了多种优质景观资源，使其具备了丰富的观赏性和强大的吸引力。精华荟萃，奠定了"村超"品牌坚实的景观内容基础，是"村超"品牌成功爆火的主体支撑，也是其成功背后透显出的生活逻辑。

2. 快乐足球成就快乐"村超"

"村超"最突出的特点和价值，就是能够带给人们最纯粹、最自然的快乐。从最初在简陋场地的比赛，到如今广聚人气的联赛，榕江足球始终保持着快乐主题。足球，作为现代社会最广泛、最普遍、最受欢迎的集体运动项目，给人们带来的快乐体验是其他运动项目无法比拟的。足球世界杯比赛，作为世界上影响最大的单项体育赛事，因其广泛的关注和强大的影响力，一直举办延续至今。足球世界杯是官方举办的高水平职业比赛，以"水平"为主轴，以"高端"为特征，而与之相对，却是长期缺乏一项世界范围内能够代表民间草根人群的足球赛事。按照"一阴一阳之谓道"的逻辑，能够代表后者以"快乐"为主轴、以"草根"为特征的"村超"也就应运而生，填补了这项空白。

"村超"的稀缺性、可观赏性以及广大的受众人群，是其快速传播

热情快乐的啦啦队（榕江县政府办 提供）

的重要原因。 在"村超"品牌的推广过程中，采取差异化战略，以与世界杯相区别，可谓定位准确的明智之举。 尤其"村超"追求的"快乐"主题，既是"村超"坚持的核心理念，也契合了人类生活的本性。 人类的生活需要快乐相伴，"村超"通过举办民间草根的乡村足球赛事，成为承载和呈现快乐最自然、最适宜、最广泛、最大众化的舞台。 人们在这里汇聚狂欢，享受快乐、释放快乐，球场的奢华与否不重要，球队的水平高低不重要，比赛的输赢也不重要，唯一重要的是能够在这里沉浸快乐氛围，共度快乐时光。 无论是球员、啦啦队、观众还是组织者，无论何种角色，都以塑造快乐"村超"为目标而参与其中。 辛苦并快乐着，既是人们生活的本色，也是"村超"带给人的体验感受。

　　"村超"与生活相通，"村超"呈现了生活，通过"村超"品味快乐生活，也许就是"村超"旅游的突出魅力所在。 快乐足球让"村超"成为融通生活、大众参与、广受欢迎的民间体育赛事。

3. 民族文化精彩了"村超"

"村超"汇聚的另一个精华是其精彩纷呈的乡村民族文化。"村超"不只呈现精彩的足球比赛，它还是民族大团结的狂欢舞台，是民族文化交流的桥梁。"村超"作为"足球+文化"的乡村嘉年华，是体育精神与民族文化的深度融合。作为一项乡村体育赛事，充分展示本地多彩的乡村民族文化是"村超"的重要内容。

乡村文化的根基是乡村生活世界。在乡村生活中，质朴农民勤劳勇敢的精神追求和日常劳作，构成了乡村生活的主轴，由此形成的互助、诚信的乡邻关系和文化传统被世代传承。这些文化形态和精神符号，与乡村体育发展紧密结合，构成了一幅既宁静悠远又满怀奋斗协作精神的生活画卷，通过"村超"平台徐徐展开。

榕江县 83.9% 的人口由苗族、侗族、水族、瑶族等少数民族组成，这种多民族共存的特色赋予了该县独特的民俗风貌和独有的文化魅力，它们通过"村超"平台得到集中呈现。在每一场"村超"比赛前，各村落的参赛队伍身着富有民族特色的华丽服饰，与欢呼雀跃的观众一同步入赛场，伴随着少数民族音乐旋律载歌载舞。赛后，独特的民族音乐旋律再次响起，球员与观众共同沉浸在欢乐的歌舞之中，庆祝胜利的喜悦。榕江县的银饰、蜡染和刺绣等非物质文化遗产在"村超"平台也广受欢迎。

在"村超"，不仅风情浓郁的当地少数民族世代相传的民族歌舞让人们大饱眼福，而且全国各地的民族风情在"村超"提供的平台上也获得了展示。"村超"荟萃了全国各地民风、民情、民俗的精华。借助新媒体的广泛传播，"村超"平台上充满感染力的多彩民族文化跨越了地域与时间限制，唤起了人们对体育精神的崇尚以及对多元文化的认同，使"村超"这场文化盛宴得以让全国各地的人们共同分享。

美食作为民族文化的重要组成部分，也是使"村超"更加精彩的原因所在。在这里，杨梅汁、卷粉、濑粉、芋头糕、牛瘪、腌鱼、腌肉、烤香猪等应有尽有。在"村超"夜间经济聚集街，有烧烤区、特色小吃区、冷饮区、儿童游玩区、酒水区、外来车辆后备厢集市区，游客可以品尝榕江特色美食，"沉浸式"感受榕江魅力。在"村超"现场，榕江西瓜、仁里韭菜、七彩古稻粥等农产品也火热"出圈"。尤其现场专为游客制作的免费品尝的各种当地美食，更是体现了榕江人民的热情与好客，透出其骨子里的淳朴与善良，这既是贵州山区人民良好古风的传承，也是当下乡村建设人们应有的风貌。贵州"村超"不仅展现出群众健康、向上、奋进的良好精神面貌，让特色民族文化得到广泛传播，同时还通过"美食经济"实实在在增加了当地民众的收入。

荟萃精华，追求卓越，通过提供优质景观内容服务观众、打造品牌，一直是"村超"努力的方向。组织者策划发起"我要上'村超'""带着非遗来'村超'""来'村超'约场球""'村超'解说大赛"等项目，不断汇聚呈现更多的精彩内容，满足观众的多样化需求，以扩大"村超"的影响，是当下"村超"选择的发展之路。

六、众乐之归

1. 独乐乐不如众乐乐

快乐是人生追求，"众乐"则是更有品位、更值得追求的目标。因此,"独乐乐不如众乐乐"。此语出自《孟子·梁惠王下》,本意为一个人独自享受音乐的乐趣不如和他人一起分享会更加愉悦和有意义。其言外之意,指人类作为群居动物,我们需要与他人互动和交流,分享快乐和悲伤。与他人分享乐趣可以增强我们的社交能力和情感联系,让我们感到更加满足和幸福。"众乐",是众多人类生活节日与赛事活动所承载和展现的目标,根源于人类生活的本性,体现了人类高质量、高品位的生活追求。众乐之归的生活逻辑,表达的正是这种旨趣和追求。众乐之归,不只是享受快乐的人数众多,同时也是各种快乐的汇聚。

2. "村超"之乐是全民之乐

"村超"是真正的全民热爱、全民参与、全民狂欢,带来的是全民之乐。走进"村超"赛场,扑面而来的是浓浓的欢乐氛围。上万人的看台座无虚席,耳边全是呐喊声、加油声、喝彩声,整个球场形成一片欢乐的海洋,这是体育赛事带给广大民众发自内心的一种快乐,这种快乐集中反映出脱贫之后,贵州各族群众在新征程上追求美好幸福生活的自信、自强的精神面貌。

"村超"以"共创人民足球,共享美好生活"为定位,大众化的人民足球承载了人们对美好生活的追求。榕江足球有广泛的群众基础。全县总人口规模不到 40 万人,却拥有 5 万名足球爱好者,业余球员1000 余人,业余足球队几十支,足球比赛在榕江已经成为人们惯常的社交生活方式。在榕江,足球是民众普遍喜欢的运动项目,已经深度融入当地人的生活中,从青壮年到老人,从妇女到儿童,无不热爱,人们以不同方式参与足球,从中获得快乐。足球带给榕江的是全民之乐。强健青壮年入场比拼,银发老人出资参股,苗侗姑娘载歌载舞,老弱妇孺制作美食，呐喊助威，大家以不同角色参与"村超"，共同投入比赛，共享村寨荣光。在物质贫乏的年代，村民们就自建简易露天球场举办赛事，享受足球带来的快乐。

比赛结束后大妈们快乐地涌入球场（周光胜 摄）

在"村超"赛场上，球员的年龄各异，职业各异，可能是学生、教师、警察、商贩、农民、建筑工人……大家同场竞技。场上的比拼激烈，场下的助威同样狂热。"村超"没有豪华的场馆、职业的球员、专业的裁判，有的只是球员对足球的热爱与对胜利的追逐，数万名观众聚集在这里观看比赛，仅仅是因为喜欢这种拼搏的精神与热闹的氛围。特别是在每年联赛开始的时候，村民们还在场外比拼厨艺，带来逢年过节才舍得开坛的腌鱼、腌肉，比赛的奖品则是本地的猪肉、稻香鱼、小香羊等特产。在榕江，足球比赛与其说是一项体育竞技活动，毋宁说更是一种生活呈现。全民参与、全民共享、全民快乐，是"村超"足球比赛场景的真实写照。

3. "村超"之乐是全程之乐

"村超"之乐，贯穿到"村超"旅游的全过程。 我们可以粗略设计一下这个过程。 旅程的开始是预订酒店，榕江旅游旺季需要提前三四天网上预订，十分方便，这里的住宿也相对便宜。 周五坐高铁到榕江，到达后可以去逛逛古州老街，参观一下两湖会馆——它始建于清乾隆年间，这是古州九大会馆中至今保存最完好的会馆。 晚饭可以品尝一下当地的特色酸汤牛肉。 这里的夜景也相当美。 周六早上去感受一下榕江早市，品尝榕江特色早餐裹粉，还有黄花汁和树叶汁染成的糯米饭。 榕江西瓜特别甜，两块钱一斤，杨梅是三块钱一斤。 中午去"中国第一瘾城"吃一顿当地美食牛瘾汤，当然，你初次品尝未必习惯。 饭后直接导航到"村超"体育场，进场是不需要门票的，在比赛过程中，还可以看到当地的民俗表演，现场还为大家准备了很多特色小吃，都是免费品尝。 球场上的比赛相当激烈，其间你还可以与烟花来一场美丽的邂逅。 周日去三宝侗寨体验民族服装，打卡拍照，50块钱能租到各种各样的侗族、苗族服装，各种银饰也都包含在内；中午去吃一顿一鱼十二吃的全鱼宴；下午再前往大利侗寨，感受侗族人的风土人情，这里是为数不多的没有被商业化的寨子，值得一去，游玩之后返程。 整个"村超"旅程，便捷的出行、便宜的消费、地道的美食、热情的服务、淳朴的民风、震撼的赛场、炫酷的歌舞，都会让你置身其中，流连忘返，会让你觉得这是一次快乐之旅，收获满满，不虚此行。

4. "村超"之乐是全心之乐

"村超"之乐是全心之乐，是狂欢震撼之乐，亦是和谐宁静之乐。

有人这样描绘观赏"村超"带来的感受：贵州"村超"如同一幅绚烂的画卷，为观众带来视觉与心灵的双重震撼。在这片热土上，紧张激烈的赛事仿佛点燃了每个人内心深处的热情之火，而身着少数民族服饰的苗侗姑娘们，更是成为一道亮丽的风景线，这些苗侗姑娘天生丽质，气质淳朴，宛如大自然精心雕琢的杰作，她们的笑容如同春风拂过脸颊，温暖而明媚，让人感受到一种清新脱俗的气息，在她们身上，有一种淡雅的怡然自得，那是一种远离城市喧嚣、回归内心宁静的美好境界。"村超"不仅是一场体育盛宴，更是一次心灵的洗礼。全心之乐，意味着"村超"带来的是没有杂质的纯粹之乐、发自内心的自然之乐、真情流露的本真之乐，它拒绝一切资本裹挟、一切虚文伪饰、一切虚假运作，这是其快乐足球的初衷，是其赢得大众的关键，也是其走向未来的基石。守住快乐足球这片净土，呈现真实纯粹的快乐生活，会让"村超"赢得未来。

七、既济未济

1. 追求既济之境

《既济》和《未济》是《周易》六十四卦中的最后两卦。《周易》六十四卦的排序，始于《乾》《坤》，终于《既济》和《未济》，模拟了世间万物的变化过程。济者，阴阳相济之义。《既济》卦上为坎水，下为离火，上坎为陷，下离为明，借险以养明，以明而御险，以上水克下火，为有成之象。《未济》卦卦义则相反，有未济之象。对于六十四卦的这种排序，明代心学大师孙应鳌认为，它体现了易卦和圣人用易的变化无穷的思想。他说："天运人事之盛衰代谢无有终穷，而圣人之所以变通化裁亦无有终穷。 乾、坤之后盛衰代谢、变通化裁不知其几矣!幸而至于既济,济未几而未济即继之,此固《易》之道也,此固圣人之所以用《易》也。"①《既济》之后继以《未济》,更显事物极而必返,盛极而必衰,变化无有终穷之意旨,此固天地万物变化之本象,亦可体见圣人设卦用易之深心。 由《既济》到《未济》,卦象显示了事物盛衰代谢的往复循环。

既济之后是未济,功成之后难为继,正是人们日常生活的常态。没有什么事物的发展变化总是一帆风顺的,大多会经历"起承转合""成住坏空"的过程,这是事物变化生生不息、无有终穷的根本规律决定的。 面对这一规律,人所能做的就是在事物发展的不同阶段,尽可能使其发展符合人的预期,促进事物的生旺而延缓其衰亡。《既济》卦意味着已经取得成功,但有初吉终乱、盛极将衰之象。 其后的《未济》卦则给我们提供启示:面对新出现的未济的情况,一要谨慎进取,二要永怀希望。 卦义引导我们朝向既定目标自我成长,克服困难,突破困境,最终达到既济之境。

2. "村超"有理由继续成功

"村超"创办一年来,多项数据显示,榕江县的发展取得了突出成绩:2023 年,"全县累计接待游客 765.85 万人次,同比增长 52.2%;实现旅游综合收入 83.98 亿元,同比增长 73.94%;过夜游客 316.11 万人次,带动夜间消费收入 5.86 亿元,同比增长 253.2%。 社会消费品零售总额完成 48.92 亿元,同比增长 5.7%。 ……一般公共预算收入完成

---

① (明)孙应鳌著,刘宗碧等点校《孙应鳌文集》,贵州教育出版社,1996,第 115 页。

3.51 亿元，同比增长 192.2%。城镇、农村常住居民人均可支配收入分别为 39595.83 元、13670.98 元，同比分别增长 4.2%、8.5%。交通运输、批零住餐、房地产、租赁和商务服务等 14 个增收行业合计完成税收 32059 万元，同比增长 29.81%，增收 7363 万元。"①一串串可喜数据，印证了"村超"的成功。而且，从目前发展的规模和影响来看，"村超"的势头依然强劲迅猛，成燎原之势，仍然走在扩大成功的路上。

在移动互联网时代，骤起骤落，昙花一现，已成为许多网红现象的常态。"村超"短时间内火爆出圈，也让人们疑虑其发展是否具有长远的可持续性。这方面，"村超"操盘手是这样认识的："'村超'的持续性得到了多方面的保障。从战略引领、文化输出、共享办赛、人民主体、传播生态到品牌建设，每一个环节都为'村超'的持续发展提供了坚实的支撑。同时，'村超'的适应性和创新能力，以及深厚的社会基础和广泛的群众基础，也为'村超'的未来发展注入了强大的活力和信心。我们有理由相信，……'村超'一定能够持续发展下去，成为一项具有世界影响力的赛事品牌。"②

从生活世界的立场出发，对于"村超"的未来，我们有理由抱有更大的信心和期待。"村超"成功，与其说是因为它具有深厚的社会基础和广泛的群众基础，毋宁说它具有更厚实的生活基础。因为人类的一切活动，政治的、经济的、文化的、社会的，生产的、消费的，都是人类生活方式的一种呈现，这一切活动都是在人类生活基础之上展开的。

---

① 榕江县县长徐勃在榕江县人民代表大会第三次会议上作的《政府工作报告》，2024 年 2 月 20 日。

② 欧阳章伟、王永杰：《"村超"密码》，贵州民族出版社，2024，第 146 页。

当然，作为文体活动的"村超"也不可能例外。

中共二十大报告提出"坚持把实现人民对美好生活的向往作为现代化建设的出发点和落脚点"，"鼓励共同奋斗创造美好生活，不断实现人民对美好生活的向往"。"实现人民对美好生活的向往"，既是中国共产党工作的出发点和落脚点，是其奋斗目标，也是"村超"创办的立足点和追求目标。基于日常生活世界，运用惯常的生活逻辑，在生活世界中不断演绎生活精彩，是"村超"成功出圈的密码，也是其未来发展之路行稳致远的基石。

在"村超"的未来发展中，只要一如既往遵循"功成于众"的生活逻辑，坚持以人民为中心的发展思想，广泛依靠群众、广泛发动群众、广泛汇集群众智慧、厚植民意基础；一如既往坚持"众乐之归"的目标导向，以打造"快乐足球+快乐文化+快乐品牌+快乐平台+快乐经济"为主题，努力实现其带给观众全民之乐、全局之乐、全程之乐、全心之乐的目标；一如既往地"与时俱进"，保证其呈现内容的适应性和创新性；一如既往地"广大精微"，保证其呈现内容的全面性和深入性；一如既往地"精华荟萃"，保证其呈现内容的精粹性和丰富性，"村超"一定前景光明，未来可期。

当然，"村超"前行之路也一定会有曲折，遭遇一个又一个困难，出现未济的情况。借鉴"既济""未济"之道的《周易》智慧，正确认识"村超"在前进道路上可能出现的各种问题，并积极面对、努力解决，"村超"事业定会越来越好。

"村超"
第七章
闯新路

"村超"的文化阐释

"村超"不是"噱头"炒作，不是"硬包装"的产物，它是榕江当地人生活的真实呈现，是充满烟火气的百姓日常生活。足球文化基因与榕江传统文化的相互渗透、水乳交融，在历史的沉淀下，已经演变成榕江人的日常。

"村超"
闯新路

"村超"作为地方性群众体育赛事，在新媒体的推动下得以火爆出圈。随之出圈的还有榕江的美食、美景和民俗，榕江由此而瞩目世界。"村超"的出圈被赋予了很多"意义"，比如：它是基层治理成功运作的结果，是现代媒体推波助澜营销操作的结果，是传统文化与现代体育相互借力、有机融合的结果……"足球与榕江"，一项竞技性的现代体育运动怎么会同西南边陲的一个人口不足 40 万人的小县城联结在一起？如果我们从惯有的刻板思维和现有经验出发来看待这一文化现象，很难将二者直接关联上。但当我们条分缕析，透过文化的机理来分析"榕江"与"村超"时，两者之间的逻辑关联如隐藏在繁枝茂叶下的枝干，在拨开错综繁复的枝叶之后，便枝枝分明、清晰可见起来。

一、大众性与地域性

　　20 世纪 40 年代初，国立贵州师范学校由贵阳迁入榕江，并在榕江建立了国立贵州师范学校附属小学，体育被列入学校教学课程。1944 年，广西大学迁到榕江，将足球正式带入榕江，校园足球由此而诞生，并从校内发展到校外、从课堂延伸至生活。足球进入榕江是一种历史的偶然，但其在这片土地上生根、发芽、发展壮大，并最终成为当地民众生活不可分割的一部分，却并非偶然，这与足球文化的特质、榕江地域文化的特质，以及二者之间的契合性不无关联。

　　作为一项现代体育项目，足球运动因为其显著的大众性特征和强聚合性功能而为人们所熟知和喜爱。　大众性是指足球运动在赛事筹备、组织管理、群众参与度等方面的特性。　就"村超"而言，其大众性体现在民众对足球的广泛参与度上，赛事门槛低，无性别、年龄、职业要求，只要会踢足球、喜欢足球，都可以加入足球比赛的队伍中来。　因此，我们看到"村超"足球队中有来自不同村寨的从事不同职业的球员，他们中有建筑工人、烧烤摊老板、厨师、菜贩、教师、学生等。无论是专业运动员还是业余爱好者，每个人都能在绿茵场上找到属于自己的舞台，找到属于自己的快乐。

"村超"球员接受央视访问
（引自央视网）

　　强聚合性主要是指足球运动的作用和功能。　双方球队在规定的赛制下，以"进球"为牵引，以实现足球比赛的输赢为最终目的，通过双方的相互对抗和角逐分出胜负。　通过足球比赛，球队成员之间、球队与球迷之间增强了凝聚力，团队合作精神得到了加强。　足球运动中人是关键的要素，其中包括球员和球迷，球员通过自身踢球的技能和奋斗拼搏的精神，以及球队成员间的密切配合、精诚协作，为球队贡献力量。　球迷是足球运动和足球文化中不可或缺的重要力量，球迷作为观众，通过在球赛现场呐喊助威等实际行动，给自己喜爱的球队和球员以鼓励和支持，既活跃了球赛的氛围，又提高了球员的士气。 在此过程中，球技的展示、球员的表现、球迷间的互动共同构成了足球文化。 足球在榕江具有深厚的历史底蕴，足球运动已经成为当地百姓不可或缺的休闲娱乐文化，它丰富了人们的精神生活，成为地方人际交往的一种重要媒介。 当地村民不仅是球赛的观众，还是赛事的筹备者、组织者和管理者，因此，我们说"村超"具有广泛的大众性。

包容性的地域文化是足球扎根和落户榕江的重要原因。 榕江是都柳江、寨蒿河和平永河三江汇流处，是重要的交通枢纽，境内有港口和码头，水上运输和水上贸易颇为发达，是黔东南水运物资运输的重要通道。 作为重要的交通枢纽，榕江成为多元文化的汇集地，境内既具有丰富多彩的民族文化，也有辗转传入的中原文化，等等。这种多元文化的交往交流交融，形成了榕江包容、开放的地域文化品格，这种包容、开放的文化品格使榕江对于新生事物有较强的接纳度。 因此，足球运动为榕江所接受就不足为奇了。

美国人类学家吉尔兹在《地方性知识：阐释人类学论文集》一书中指出：地方性知识具有地域性、情境性和系统性的特点。① 也就是说，地方性知识形成于特定的场域和情境之中，它是一个各文化单元间相互联系、相辅相成的自洽的知识系统，地方性知识不能离开特定的场域和情境，否则将失去其原有的特色和功用，而一个外来文化要进入地方性知识系统，必须同地方性知识或文化有某种相似、相近或契合之处，否则，将被地方性知识"抛弃"。 当一个充满异质性的文化企图进入一个完全异域的文化场域中时，巨大的差异性最有可能导致的是两

---

① 〔美〕克利福德·吉尔兹：《地方性知识：阐释人类学论文集》，王海龙等译，中央编译出版社，2004。

种文化的矛盾、冲突甚至拒斥，结局往往是其中一种文化的"落荒而逃"。相反，如果两种在底层机理或文化特质上相近或相似的文化，即便在表层或世俗经验上看起来二者如何地格格不入，事实上却能契合得"天衣无缝"。就譬如足球与榕江，看似难以共生共存的两种文化，在现实中却能够结合、绽放出如此绚丽的奇葩，归根结底，是文化质地相契相合的结果。

二、竞技性与民族性

结果的不确定性，使整个足球比赛充满了悬念和魅力。足球比赛是以输赢为导向的，为了获得胜利，双方球队周详地排兵布阵，每个球员皆全力以赴，尽力地发挥自己的能力和技巧，整个球队齐心协力，密切配合。以身体和智慧与对方激烈对抗、巧妙周旋，并且不断调整战术，常常上演绝境反击、逆转取胜的戏码。可以说竞技性是现代足球运动的一个重要特征，它是规则、技术、战术、策略的综合运用，是技术和能力、身体和心理、力量和速度、体能和意志的较量与博弈。

英国人类行为学家德斯蒙德·莫里斯（Desmond morris）在《为什么是足球？》一书中将足球运动与人类早期部落的狩猎活动做了类比研究，最后他得出这样的结论：足球是最接近狩猎的运动，因为它激活了人类的部落本能，并且用部落的形式把人们联结在一起。换句话说，足球像是当代的部落。莫里斯在书中对人类的足球部落之根进行了追溯，认为现代球类运动经历了四个发展阶段，即"首先登场的是求生猎人——我们的原始祖先，对于他们而言，追逐和杀死猎物是关乎生死存亡的大事；其次是竞技型猎人——即使狩猎的食物不再是必需的，他们仍然活跃于狩猎场；再次是竞技场血腥运动选手，他们将狩猎活动从野外带进了城市；最后则是竞技场球类运动选手，他们将古代血腥运动转变为现代球类运动。"①莫里斯认为足球运动就是一场象征性的猎杀②，在他看来，足球运动中的对抗性、协作性、仪式性与狩猎活动中的求胜、忠诚和图腾崇拜等心理有着高度的相似性。 因此，莫里斯的结论是：足球像是当代的部落，而球赛就像一场部落的狩猎。 按照莫里斯的说法，部落作为历史上延续数千年的生存方式虽然已经消失，部落性作为一种文化基因却一直保留了下来。 从莫里斯对足球与部落文化的类比中，我们可以看到足球运动产生的根源实际上与人类天性中的求胜欲、认同感、仪式感等有着紧密的关联性。

"村超"火爆出圈，正是民族性与足球竞技性契合的结果。 这里的民族性有两重意蕴：一是指榕江地方少数民族的民族特性，如性格和品格；二是指榕江的民族文化和风土人情，如节庆习俗等。

就民族特性而言，流行在榕江地区的斗艺文化反映出榕江人的粗朴豪放、勇猛善战、崇武尚义的民族性格。 斗艺文化是黔东南少数民族文化的重要组成部分，具有深厚的历史渊源和文化内涵。 历史上黔东南地区的苗、侗等少数民族均有狩猎的习俗，当地人崇尚斗艺文化，有斗牛、斗猪、斗狗、斗羊、斗马、斗鸟、斗鸡等传统民俗。《黔东南州斗牛文化志》记载："历史上，州内全境均属'苗区'，各地都有斗牛活动。 到 2015 年时，全州 17 个县市（开发区）中，除岑巩县没有水牛斗

---

① 〔英〕德斯蒙德·莫里斯：《为什么是足球？》，易晨光译，北京联合出版公司，2018，第 28 页。
② 〔英〕德斯蒙德·莫里斯：《为什么是足球？》，易晨光译，北京联合出版公司，2018，第 28 页。

牛比赛、三穗县有零星斗牛活动外，其余 15 县市区都经常开展传统斗牛和斗牛大赛。"①如在苗年、鼓藏节、侗年等重大节庆期间，黔东南的苗族、侗族通常会举行盛大的斗牛比赛。《榕江县志》记载："鼓藏节有大牯和小牯之分。 小牯每年一次，时间多在初春与秋后农闲季节，吃牯村寨杀猪宰牛邀请亲友聚会，其间举行斗牛、吹笙活动。"②

榕江民间斗牛现场（中新社 李长华 摄）

笔者就曾在 2015 年"五一"节期间，观看了在黔东南雷山县朗德镇举行的斗艺表演，其间，就有斗牛、斗猪、斗羊和斗鸡比赛。 斗艺文化具有特殊的文化内涵和社会功能，斗艺文化是人类能量释放和情绪宣泄的表现，是民族生命力的体现，也是一种娱乐精神的体现。 一方面，这种动物间肢体的角斗和力量的较量，能够使人释放能量，宣泄情绪，激发斗志，振奋精神，达到娱人悦己的目的。 另一方面，斗艺文

①　黔东南苗族侗族自治州地方志办公室编《黔东南州斗牛文化志》，光明日报出版社，2017，第 26 页。

②　贵州省榕江县地方志编纂委员会编《榕江县志》，贵州人民出版社，1999，第130 页。

化也具有增进社会交往、增强社会凝聚力的功能。 斗艺活动为社会交往提供了契机和场域，在斗艺活动中，有了人际交流的介质和内容，参加或观赏斗艺活动，拉近了人们的距离，增强了文化认同，从而促进了社会的稳定发展。 这种充满力量、热情和乐观精神的斗艺文化暗合了足球运动的激情、竞争和娱乐的精神。 因此，足球与榕江的相遇，仿佛"金风玉露"的相逢，神奇的化学反应就产生了。

就民族特色文化而言，榕江是由多元民族构成的地方，境内居住有苗、侗、水、瑶、汉等 28 个民族，其中少数民族占全县总人口的83.9% 。 榕江民族文化丰富多样，有"文化千岛"的美誉。 这里有绚丽的民族服饰、美味的民族美食、美妙的民族歌舞以及浓郁的民族节俗。 当象征现代文明的足球落户榕江后，便与多姿多彩的民族文化有机地融合在一起。 从球员们身上穿着绘有民族元素图案的球衣，到比赛现场播放的民族音乐，再到比赛中场时的民俗表演和民族歌舞表演，以及球场周围销售的民族美食，再到球赛结束后颁发的具有"土味"的奖品，都充分体现了榕江民族文化的丰富性、多样性和生活性，体现了民族文化与体育文化的完美融合，寄托了人们对美好生活的追求和向往。

民族文化元素的融入，使"村超"的"村味"更浓，使"村超"更接地气，更加富有魅力。"村超"的民族性让"局内人"和"局外人"都获得了精神上的依归。 作为局内人的当地村民，将自己民族文化的精彩部分分享和展示出来，身份认同得到了加强，获得了一种精神性的满足，更加有文化自信和民族自豪感。 作为局外人的观众和远道而来的游客，这种纯粹原生的异域文化，与自身繁杂琐碎的日常生活产生激烈碰撞。 那种来自灵魂的震撼一下子紧紧地抓住了游客的心，游客不由自主地被感染，情不自禁地加入其中，融入这场民族文化与体育文化相融共生的狂欢中。

三、现代性与传统性

现代性概念通常用来指涉与现代时期相关的特性和状态，包含思想观念、行为方式与制度模式，其核心特征是对理性、科学、技术及其价值的强调。传统性则是指世代相承的具有连续性的文化、习俗、信仰和行为方式，它强调秩序、传统和道德，是自我认同感的来源。

通常看来，现代性是与传统性相对立的，是不能融合的。现代性以科技、理性、自我、平等、自由等价值诉求为其重要特征，它对传统社会的生活方式、组织形式、道德观念等都形成了巨大的冲击和挑战。传统社会的村落文化、家族观念、伦理道德在现代性面前面临被边缘化和消失的处境，这也是当前很多传统社区面临的困境，体现在传统家庭的空巢化、传统技艺的断代化、传统道德的式微化上。因此，有人甚至说现代性为传统性敲响了丧钟，现代性是传统性的"坟墓"和尽头。

然而，这是否就是必然的结果呢？现代性与传统性之间是否就是水与火的关系？现代性与传统性之间能否相互调和、共生共存？"村超"现身说法，为我们揭示出现代性与传统性之间可以共存共荣的深刻道理。

在"村超"的舞台上，我们随处可见传统文化的元素：苗族的芦笙、侗族的琵琶、水族的铜鼓舞，苗岭飞歌、侗族大歌、瑶族的服饰等，可谓精彩纷呈。但是，榕江与现代性并不是天然相融的，它们之间的融合经历了漫长的过程。 榕江地处偏远，导致其经济发展水平在全省排名都相对靠后，被列为国家级贫困县，曾经是贵州省深度贫困县之一，也是脱贫攻坚战中最后脱贫的县之一。 经济社会发展的滞后，一定程度导致民族自卑感心理的形成。 一方面，相对封闭的自然环境保证了地方文化传统的完整性和原生性；另一方面，传统性又使其与现代性的生活相隔遥远，产生巨大的落差感和不平衡感，进而对自身文化传统产生自卑心理。"村超"带给榕江人的一个显著改变就是文化自信和民族自豪感的彰显。 在过去，当地少数民族曾经为自己民族的一些符号和特征而感到尴尬，他们甚至不好意思坦然地穿上自己的民族服装，担心外人会将落后、愚昧等偏见和印象加诸自己。

孩子们跳起现代舞（周光胜 摄）

足球与榕江的结合改写了榕江人的历史，也消除了榕江人的自卑，并且使其民族传统与现代性之间跨越了历史的鸿沟，适宜地结合在一起。 传统文化元素自然地融入榕江的"村超"，现代性为榕江传统文化的传承与发展注入了活力，从而使"村超"呈现别具一格的魅力。

"村超"的现代性体现在赛制、规则和传播手段上。"村超"是参照现代足球赛事的规则、赛制来进行的，在参赛队伍、赛程安排、比赛时间等方面都有严格的规定。比如，参赛队伍是以村为单位参加足球比赛，赛程安排上分为预选赛和总决赛两个部分。比赛时间安排在周五、周六、周日，尤其是周六的比赛更加盛大，被称作"超级星期六"。比赛规则方面包括比赛时长、换人名额等都按照现代足球的规则进行。"村超"赛事在组织管理上也逐渐向规范化迈进，包括裁判制度、球员注册等都得到了完善，这种规范化管理保证了赛事的透明性和公平性，增加了球队和观众的信任感。此外，"村超"还融入了娱乐性元素，如啦啦队、中场表演、观众应援等，都是现代体育元素的充分体现。在传播手段上，"村超"采用了融媒体的传播方式，包括采用电视直播、线上直播、平台分享等多种技术和手段进行全球化传播，使"村超"成为展示中国乡村文化和现代体育精神的重要窗口，提升了"村超"的知名度和影响力。

传统文化的融入是"村超"有别于其他体育赛事的一个重要特征。榕江在举办"村超"过程中，充分挖掘和利用了当地独具特色的传统文化和民族文化，精心提炼了传统文化和民族文化的核心元素，将之恰到好处地贯穿融入整个赛事全过程，增加了赛事内容的文化内涵，并且传播了地方传统文化，使整个赛事充满了浓郁的民族风，从而增强了赛事的文化氛围和观赏性。比如在赛事进行到中场环节时，加入民族歌舞如苗族芦笙舞、侗族多耶舞、瑶族舂杵舞、侗族大歌、苗岭飞歌表演以及民族服装秀；在赛场周围展销民族美食；在球队队员与观众服装上加入民族文化的元素和符号；在赛场上进行少数民族非遗的展示；啦啦队展示具有民族特色的簸箕草龙、草凤凰、草牛；等等。 在这个过程中，榕江村民发挥集体智慧的力量，想点子、出主意，群策群力，将对传统文化的深厚感情和对足球的热爱之情自然而然地融合在一起，产生出别具一格的"村超"，既获得了经济效益，又传承了民族文化。

传统性与现代性既存在矛盾和张力，也能够彼此融合共生。"村超"用活泼生动的方式在坚持传统性的同时，也热情大胆地拥抱现代性，使传统性与现代性在实践中实现动态的平衡。

四、草根性与组织性

"草根"一词来源于英文"grassroots"，起源于 19 世纪、处于淘金潮时期的美国，当时盛传山脉土壤表层草根生长繁盛的地方蕴藏着黄金，这是"草根"一词被赋予的物质内涵。 后来"草根"被社会学引入，并衍生出了"草根文化"的概念，用以描述一种由平民阶层创造和享受的文化现象或文化类型。"草根性"则是一个更为广泛和抽象的概念，指的是某一文化现象具有民间、基层、基础、根本的属性或特质，贴近民众的生活，具有强大的生命力。 草根性与"草根文化"虽皆由"草根"一词衍生而来，二者在内涵上却有着根本的不同。 草根文化侧重于描述文化类型，主要是指相对主流文化、精英文化而言的平民文化、大众文化，草根文化具有多样化和大众化的特征。 草根性则主要指涉文化的属性，它代表着一种源于民间、贴近生活的文化力量。

文化的草根性特征体现在其纯朴性、乡土性、伦理性和生机性上。

地方传统文化蕴含丰富，内容真实、情感真挚，它所反映的是人民群众的日常生活、劳动场景、情感世界，没有矫饰和做作，表现的是朴实无华的真情实感。 传统文化与特定的地域空间相关联，它是该地域内的人们在长期历史发展过程中形成的特定的生活方式、风俗习惯、价值观念等，反映了人们对乡土的感情及对乡土文化的认同和传承。 乡土社会是熟人社会，依靠情感作为纽带来维系其稳定，传统文化的草根性体现在其所蕴含的伦理道德观念上，其成为指导乡土社会中人们行为的重要准则。 地域传统文化是当地人在长期的生产生活实践中创造出来的文化，具有广泛的群众基础和强大的生命力，且具有高度的创新性和适应力，能够随着时代和社会的变迁而进行自我调适，不断丰富自身，实现文化的传承和创新，生生不息。

当今，在全球化背景下，人们一方面安享着现代性带来的方便、快捷、高效的生活，一方面又不得不面临文化同质化、身份认同危机、人际关系疏离、生态环境破坏等日益凸显的问题的威胁和挑战，这使人类在大踏步向前行进的同时，不得不冷静思索寻求问题的解决之道。 今天，在面对人类共有的困境时，世界各个文明纷纷转向传统，试图通过对传统的回溯，从古老智慧中寻觅到现代性危机的解决方案。"村超"即民族地区凭借自身丰富的传统文化资源，以民间性和草根性的组织方式，使传统文化与现代体育赛事有机结合，成功面对全球化和现代性挑战的富有成效的尝试。

"村超"的草根性体现在参与者的广泛性、赛事形式的易行性和传播形式的亲民性上。 比如"村超"的球队和观众全部来自榕江县域内的村寨，球员年龄从 15 岁到 50 多岁，职业包括鱼摊老板、挖掘机司机、公务员、学生、建筑工人等"村超"的体育场没有华丽的设施和设备，但是更贴近村民的生活实际，使广大村民能够更方便地近距离观看比赛。"村超"的门槛低，没有职业运动员那样的高标准高要求，只要热爱，便可以参加球赛，使更多的村民能够加入球赛中，展示自己的才华，这也增加了比赛的观赏性和趣味性。"村超"采用的是村民喜闻乐见的接地气的传播方式，以村民视角的呈现方式为主，以多元化手段进行传播，比如网络直播、短视频传播，使观众能够及时观看比赛并进行互动，进一步扩大"村超"的影响力。

村民准备好美食参加"村超"（周光胜 摄）

草根性还体现在"村超"的生活感和烟火气上。"村超"不是"噱头"炒作，不是"硬包装"的产物，它是榕江当地人生活的真实呈现，是充满烟火气的百姓日常生活。 足球文化基因与榕江传统文化的相互渗透、水乳交融，在历史的沉淀下，已经演变成榕江人的日常。足球已经成为榕江人生活中不可分割的一部分，是其茶余饭后的娱乐和休闲。 因此，在"村超"的赛场旁边，边摆摊卖烧烤边看球赛是日常、边拉家常边看球赛是日常，甚至端着饭碗边吃饭边看球赛都成为日常。

"村超"的奖品小香猪（欧阳章伟 提供）

　　"村超"的草根性还体现在传统自治组织的影响和作用上。 榕江是少数民族聚居地，历史上，寨老曾是传统社区稳定发展的重要维护者。寨老是民族社区自然形成的村寨领袖或领袖群体，他们一般具有处理事务的能力、威望和公信力，是传统文化的守护者、传承者。 在"村超"的举办过程中，寨老仍然发挥着重要的作用。 比如动员村民参与球赛和进行民族文化展演，协调村寨之间的比赛和文化交流，参与比赛中可能出现的纠纷调解，等等，为"村超"的成功举办起到了重要的协助作用。

　　与草根性相对应的就是"村超"的组织性。"村超"是民间的赛事，主导者是榕江当地的村民。 我们在看到一支支生龙活虎的球队在淋漓尽致地展现技能和风采时，看到"村超"赛场上洋溢着"村味儿"

"土味儿"和"趣味"的民族风情展演时，留给我们深刻印象的还有现场井然的秩序和良好的治安，仿佛有一双无形的手在指挥着这一切，"村超"的组织性这时就体现出来了。这双无形的手就是当地政府，是当地政府用现代管理的方式在维护着"村超"的秩序性和安全性，为"村超"的顺利举办保驾护航。

政府在"村超"赛事的举办中扮演着幕后和后勤的角色。在"村超"出圈的过程中，政府真正从"台前"走向了"幕后"，甘心扮演着配角和后勤的角色，在幕后做了大量的服务保障工作，包括现场秩序的维护、安全措施的落实，并且通过制定相关政策，引导和支持"村超"赛事的发展。同时，还成立了"村超新媒体专班"，通过现代、专业的运营团队和宣传手段，提高"村超"的知名度和影响力。此外，还鼓励村民参与新媒体账号的运营和直播营销，让直播成为"新农活"，形成良好的传播效应，推动"村超"品牌的建设。在"村超"举办的过程中，涌现出了一批新媒体网红，如"西瓜妹""卷粉西施"等，网红们不仅增加了自己的收入，还发挥了先富带动后富的榜样作用，有力地推动了地方经济的发展。

在"村超"赛事的举办上，我们既看到了来自民间的草根性的强大活力和生命力，这种来自传统的力量对于减缓和对抗全球性和现代化带来的负面效应具有十分有效的作用；也看到了基层政府在面对传统和乡土文化时表现出来的敬畏、尊重和爱护，这种对于文化的敬畏感和守护精神，使政府将自己的位置定位为服务者和协助者，从政策导向上去引导"村超"，从后勤保障上去服务"村超"，使草根性力量和组织性力量有了新的结合，推动了一种新的基层发展和现代乡村治理模式的形成。

五、主体性与他者性

"主体（The subject）""主体性（subjectivity）"是西方哲学中一对非常重要的范畴。"主体"主要是指实践活动和认识活动的承担者，能够在认识和实践活动中，通过自己的感官和思维能力对客体进行感知、理解和判断，且能够根据自己的意愿和判断来行动和决策。"主体性"则是指人作为认识和实践活动的主体，在认识和实践活动中表现出的自主、能动、自由等特性。"主体性"的一个重要特征就是高度的责任感和自觉性，它是推动事物良性发展的内在动力和前提条件。

"村超"的主体无疑是广大榕江人民，从一开始足球进入榕江，到"村超"的诞生，再到今天"村超"的进一步发展壮大，榕江人民一直扮演着主人翁的角色，发挥着主体性的作用，主导着"村超"的全过程和发展方向。

"村超"的主体性体现在活动的全民性、自发性和创新性上。"村超"秉持着"人民体育人民办"的理念，坚持"人民主体、人民主创、人民主推、人民主接"的发展原则，一切服务人民，一切为了人民，使体育回归到其本质和初心。"人民性"使"村超"因保有其生长的基础和土壤而充满魅力和活力。"村超"是榕江当地人自发组织、广泛参与的体育赛事活动。从比赛队伍、赛程安排、晋级规则到经费筹措、节目表演和奖励奖品，都是村民们自发组织、自行决定和自行实施的。村民既是球员，又是观众，同时还是赛事的筹备者和组织者。当地群众将"村超"当成自己的事情，勇于创新，努力开拓，积极探索民族文化与体育赛事结合的路径。村民在"村超"赛事上大方展示榕江的民族文化和地方特产，自觉传承当地民族文化，发展地方经济。 这种集体责任感和荣誉感，既激发了村民的创造力，又增强了其身份感和归属感，形成人人为"村超"尽心出力、人人为"村超"荣誉而战的良好社会氛围，丰富了"村超"的文化内涵，提高了足球赛事的吸引力。

除了榕江人民群众的主体性作用外，"村超"的成功举办还离不开其他因素和力量的参与，我们将这些促成和助力榕江"村超"成功的力量归纳为"他者性"的力量。 他者性的力量是一种与赛事主体（当地村民和参与者）相对的外部力量或元素，这些力量来自不同的文化背景、社会阶层或地域环境。"他者性"的力量体现在外部资源的支持、传媒宣传的助力、文化交流融合等方面，具体说来就是政府的支持和引导、企业的参与和赞助、媒体的报道和宣传，以及外来观众的参与和互动等。

地方政府作为基层行政机构，在"村超"的筹办过程中提供了强大的组织保障。 比如成立专门机构和专班负责赛事的后勤保障，大力宣传和推广"村超"品牌，如利用自身资源和渠道（包括政府网站、社交媒体、传统媒体等）宣传、推广"村超"，提升了"村超"的品牌价值和市场竞争力。 通过协调各方资源和力量应对可能出现的各种情况，比如在赛事高峰期进行交通疏导、协调安保人员和医疗人员等现场服务力量，确保"村超"的顺利进行。

企业的参与和赞助。 企业在"村超"举办的过程中起到了重要的作用，体现在资金的投入与赞助、技术的支持与服务、品牌的推广与营销等方面。 企业为赛事的组织、场地的租赁、设备的购置等提供了资金支持，这在一定程度上有效缓解了在举办"村超"过程中的财政压力，使赛事得到了充分的保障。 如有企业为"村超"提供了烟花，使

"村超"球场上空无数次绽放出璀璨之光。

媒体的报道和宣传。媒体在"村超"出圈的过程中起到了至关重要的作用，通过短视频、直播和新闻报道等多种形式对"村超"赛事进行全媒体矩阵报道，使"村超"赛事得到裂变式的广泛传播，提高了"村超"的知名度和影响力，并且向外界宣传了榕江的传统文化和民族文化，推动了地方文化旅游的发展。

外来观众的参与和互动。使"村超"突破了区域的局限，成为一个具有更大更广泛影响力的赛事。外来观众的到来，也促进了当地的消费，带动了当地经济的发展。外来观众的参与和互动，增添了赛事的观赏性和竞争性，激发了"村超"赛事的活力。同时，外来观众的参与，促进了文化的交流与互动，丰富了赛事的文化内涵，增进了民族的交流和融合。

总之，在"村超"举办过程中，主体性的力量是"村超"得以萌芽、生长、发展的根本性力量，他者性的力量则为"村超"的规范化、组织化、规模化和品牌化提供了必不可少的助力和支持。正是二者的有机结合使"村超"能够走得更加稳健和久远。

六、纯粹性与经济性

"村超"火爆出圈，一个根本原因是其难能可贵的纯粹性。这种纯粹性使足球回归到体育的本质，即健身和快乐，从而避免了商业化的侵蚀和干扰，保持了"村超"的独立性、主体性，使"村超"朝着健康、可持续的方向发展。

"村超"的纯粹性体现在其对功利性的拒斥上。"村超"赛事的举办完全出于榕江人对足球的热爱和对传统文化的自觉传承，不掺杂任何功利之心。因此，在"村超"举办过程中，当地人坚持不收门票，并拒绝商业机构的介入，拒绝广告植入和电视转播等商业化的操作。"村超"运动员都是兼职运动员，他们都有自己的工作要做，都有自己的生计要维持，足球运动并没有给予他们薪水报酬，他们全凭自己对足球的热爱坚持下去。"村超"坚持自己的无功利性，不拼资金、不拼装备、不拼外援。即便是在"村超"火爆之后，榕江依然坚持饮食、住宿以及日常消费不涨价，榕江将这种"纯粹性"一贯到底，让世界看见榕江的真挚和淳朴。

"村超"的纯粹性还体现在其真实性和包容性上。在"村超"赛场上，球员们全情投入、全力以赴，尽力地展现自己的实力和技能，既没有黑哨，也不会有假球，真正体现出公平、公正、竞争的体育精神。"村超"不设门槛，一切全凭热爱，既不以技术水平来取录球员，也不限制观众的参与，使其具有了深厚而广泛的群众基础。"村超"由此而成为每个人的"村超"，人人都有责任为之付出和尽力。这种主人翁的身份感使每个参与其中的人都热情高涨，这种与地域、民族情感的链接使原生的能量被激发和释放出来，演绎、奉献出一场场生动精彩的赛事。

"村超"的纯粹性还体现在以追求快乐为目标上。榕江足球运动诞生于当地人对快乐的追求，无功利的"快乐足球"是其特点。"村超"是一场全民的狂欢，同时也是一场民俗大联欢。除了赛事本身的激烈和精彩，轮番上演的充满乡土味儿的民俗文化更增添了"村超"的氛围感和情怀感，让身处其中的人有了一种情感的归属感，感受到充分的快乐与热烈。

"村超"拒绝商业化运营，并不等于说榕江拒绝"村超"所带来的合理的经济效益,"村超"也追求经济性。榕江人民对美好生活的向往既包括丰富纯粹的精神生活,也包括高度发展的物质生活,二者之间并不矛盾。在举办"村超"的过程中,榕江当地百姓成为实际的获益者,榕江旅游经济、夜间经济、农产品销售、电商经济得到了很大发展,招商引资成果显著,产业链延伸,经济性充分显现。

据统计,2023年榕江县累计接待游客765.85万人次,实现旅游综合收入83.98亿元,同比增长73.94%。而截至2024年6月30日,游客数据更是呈现爆发式增长,全县接待游客达到1169.24万人次,旅游综合收入高达130.7亿元。"村超"还带动了相关产业链的发展,如体育用品店、特色产品体验店等如雨后春笋般涌现,推动榕江经济的多元化发展。

总之,"纯粹性"是"村超"最为根本的特质,它使"村超"突破了区域性的局限而走向全国和世界。没有功利心,就没有包袱和压力。"村超"因为纯粹,所以更加充满激情和快乐,它使榕江避免了资本的介入和操纵,保持了自身的独立性和自主性,赢得了发展的主动性。同时,"村超"的火爆出圈客观上又给当地百姓增加了经济收入,给地方带来了丰厚可观的经济效益。从这一点上说,纯粹性并不排斥经济性,两者是相得益彰的。

七、阶段性与持续性

有人说"村超"火爆得益于三个偶然性的因素。一是疫情缓解后的压力释放。新冠疫情给全球带来了前所未有的挑战,长时间的封闭隔离、社交距离的保持以及生活方式的改变,导致人们社会生活和文化生活长时间沉寂和压抑。当疫情缓解，社会生活逐步恢复正常时，人们迫切希望有一种可以释放内心压力和焦虑的方式。具有竞技性和民族性特征的接地气、贴近老百姓生活的"村超"自然成为人们情感释放的重要出口。二是大众对国足情绪的宣泄。中国足球在国际赛场上的表现乏善可陈，球迷对中国足球投注了复杂的感情，公众对与足球相关的活动皆抱有很大的关注。因此，当"村超"这样的基层足球赛事展现出自己独特的活力和魅力时，便很容易激发人们的共鸣和关注，进而形成一股强大的社会热潮。三是互联网的传播。在信息化时代，互联网成为信息传播的主要渠道，社交媒体、短视频平台等新媒体的兴起，为"村超"的火爆提供了强大的助推力。通过这些平台，人们可以轻松观看比赛并及时分享精彩瞬间，发表评论和观点，从而形成强大的舆论力量。这种裂变式的传播，使"村超"在短时间内迅速走红。

作为一个文化现象，"村超"能"火"多久呢？或者说"村超"能走多远呢？在今天这个"眼球经济"时代，新事物不断涌现和崛起，又不断成为过去，变成旧事物，淡出人们的视野，被新的热点替代。很多"网红"现象昙花一现就是例证。那么，"村超"如何跳出这种"昙花"怪圈，走出一条可持续发展的道路呢？

如前所述，地域性、民族性、草根性、主体性和纯粹性使"村超"的出圈成为一种必然，这种独特性给榕江带来了丰厚的经济效益和社会效益。但是，"村超"在现实发展中也面临着一些问题和挑战，比如激烈的市场竞争、观众的审美疲劳、媒体关注度下降、资金短缺等。只有正视问题和不足，同时发扬自己的优势和长处，找到新的文化和经济增长点，"村超"才能避免陷入"昙花"困境，实现可持续发展。

激烈的市场竞争。"村超"作为一个地域性体育赛事，已经成为贵州乃至全国的一个具有识别度的文化品牌。 但是它同样也面临着巨大的市场竞争，包括同类赛事的竞争和旅游市场的竞争，面临着赛事品质的提升、赛事组织的优化等挑战。

观众的审美疲劳。 游客或观众作为文旅市场的重要组成部分，其需求是变化和多样的。 由于赛事内容的重复性和固定化，"村超"的赛事形式和民俗表演容易陷入程式化、单一化的困境，容易使观众产生审美疲劳和厌倦心理，从而导致"村超"热度的下降。

资金短缺也是制约"村超"发展的一个重要因素。"村超"的举办需要资金的支持，包括基础设施的建设和维护、硬件设施的配备和升级、活动组织和运营、对参赛队伍和球员的奖励，以及"村超"品牌的建设、市场开发、产业升级等都需要资金的投入。 而就当前"村超"发展的现状来看，虽然取得了很大的成效，但是资金的不足仍然是其面临的一个难题。

"花无百日红"。 无论是当地村民还是地方政府，都应当清醒地认识到"村超"的热度是具有时限性和阶段性的。 随着时间的推移，人们对于"村超"的新鲜感和好奇心会逐渐减弱，当"村超"不能持续提供吸引观众的内容和亮点时，观众的兴趣就会转移到其他事物上去，从而导致关注度下降。 而且，从"村超"赛事本身发展的规律来看，随着"村超"的深入发展，各种问题会凸显出来，这些问题会影响到"村超"举办的质量和观众的体验感，从而导致热度的下降。

面对"村超"发展过程中出现或可能出现的问题，不能罔顾事实、否认事物发展的规律性，本末倒置，一味寻求保持"村超"热度的灵丹妙药；而应当直面困难，转变思路，找到问题的症结所在，升华"问题"，找到解决之道，从而实现"村超"的可持续发展。

对于榕江而言,"村超"既是民族文化沉淀、厚积的适时爆发,也是政府、民间的精心谋划,体现了传统文化与现代组织力量的完美结合。

榕江是贵州省最后摘帽的贫困县之一,榕江人向往物质富裕、精神丰裕的美好生活。 在"村超"出圈以前,榕江曾经做过五次"出圈"尝试,分别是斗牛赛事、篮球邀请赛、苗族鼓藏节、半程马拉松+萨玛节、乡村篮球交流赛,皆因各方面的限制而没有"出圈"。 榕江总结了经验教训,不能复制其他地方的经验,只有找自己独有的东西,才会拥有强大的力量。 最终找到了与当地民族文化紧密结合且有着深厚传统底蕴的足球赛事作为切入点,"村超"终于出圈。

"村超"要实现可持续发展,一个重要前提和根本方向是回归传统、回归民族、回归民间、回归人民。 在此基础上,才能谈得上发展、谈得上未来。 不可否认,"村超"作为一个乡村体育赛事品牌,其发展理应遵守市场的规律和规则,对于影响其未来发展的不利因素应设法去除。 应创新赛事内容、提升观众体验、加强媒体合作、提升商业价值,适应观众多样化需求,不断深挖传统文化和民族文化富矿,丰富赛事文化内涵,提升观众个性化体验,提升赛事服务水平和质量。 应创新赛事形式,加强品牌建设,拓展资金来源,提高组织管理的能力和水平。 同时,将"村超"与乡村振兴、文化旅游进行深度融合,开发"村超"研学和主题旅游内容,为"村超"内涵注入活力。 通过对"村超"的提质升级,当地人既能享受到群众性体育的乐趣,又能共享乡村振兴的实惠。

总之,从对"村超"的过去、现在和未来的发展理路的剖析和梳理中,我们了解到"村超"背后的基本文化逻辑,洞察到在现象的迷雾之下,是什么成就了"村超",又是什么影响了"村超"。 尽管我们没有能力对"村超"的未来进行一个准确的预测，但是我们可以做出如下判断："村超"的根和魂在于地域文化和民族传统，这是"村超"的生命线；"村超"的发展不能脱离"地域""民族""草根"这几个基本的语境，否则，"村超"将走向一个"不能自主"的异化的境地；"村超"背后是人性化，是围绕人的全面自由发展的"人本"和"人文"精神，是对人与自然、人与人、人与社会和谐关系的深刻阐释。唯其如此，"村超"才能保有强大的生命力，拥有可持续发展的动力和潜力。唯其如此，"村超"才有可能突破二律背反的悖论，实现传统与现代、个体与他者的和谐发展。

"村超"

第八章

闯新路

"村超"背后的辩证思维

榕江明白自身的优长，也清楚自己的软肋，而通过主观努力和不懈追求，善用辩证思维，最终闯出了一条西部后发地区实现高质量发展、迈入县域现代化的新路，这一范例无疑会给其他地区带来有益启示。

贵州村超

"村超"
闯新路

"村超"火爆出圈，在国内外产生巨大影响，从表面看是偶然，实际上隐藏着必然。"村超"之所以产生轰动效应，绝不仅仅是一两个因素在起作用，它是多种因素共同发生作用的结果。而在众多因素中，辩证思维具有举足轻重、不可替代的作用和意义。应该说，"村超"最终能够成为榕江的一张亮丽名片，与辩证思维的运用息息相关，而要让"村超"这块金字招牌在榕江土地上落地生根且行稳致远，同样离不开对辩证思维的把握。具体地说，"村超"体现了榕江对客观与主观、目标与路径、物质与精神、需求与供给、全局与局部、当前与长远、战略与策略这七对关系的把握。

一、客观与主观

　　榕江有其他地区所不具备的得天独厚的优势，这种优势集中体现在地理位置优越、足球底蕴深厚、文旅资源富集、特色食品众多等方面。同时榕江也不乏一时难以补齐的短板和不足，具体体现在经济底子单薄、地形地貌脆弱、支柱产业缺失等方面。千方百计在自身的强项上动脑筋、下功夫、做文章，这是榕江必须面对和必将面对的选择。

　　与其他地区一样，榕江也在寻找各种机会，力图突出重围，实现县域现代化发展。而通往榕江经济社会高质量发展的道路并非一帆风顺。通过多次探索与经历失败，榕江将"足球＋民族文化＋非遗美食"进行融合创新，把客观拥有的优势进行有效嫁接，成功也就应运而生了。

总体而言，"村超"之所以获得令世人瞩目的成功，榕江之所以能够在经济社会发展的道路上向前迈出可喜的一步、实现历史性突破，既不单纯是客观方面的原因，也并不完全是主观方面的原因，而是把客观与主观有机结合且创造性把握的结果。榕江在屡战屡败时没有停止继续探索的步伐，体现了一种百折不挠的精神。榕江明白自身的优长，也清楚自己的软肋，而通过主观努力和不懈追求，最终走出了一条切合实际的后发地区摆脱困境的路子，这一范例无疑会给其他地区带来有益启示。

二、目标与路径

近年来，贵州省委、省政府把围绕"四新"主攻"四化"作为实现经济社会高质量发展的主战略，把建设"四区一高地"作为实现经济社会高质量发展的主定位，大力发展旅游业从而被提到前所未有的高度。2023 年 9 月 14 日，在全省旅游工作会议上，贵州省委指出，"要把握好关键吸引物、高品质服务、全球美誉度、国际化客群的内涵要求；把握好旅游方式正由景点观光向休闲度假、深度体验转变，旅游空间正由景区景点向旅游目的地转变，旅游业态正由产业自身循环向全面融合发展转变的变革趋势；把握好打造世界级旅游目的地是全省总的目标，需要世界级景区景点作支撑和一流旅游城市来配套；把握好打造世界级旅游目的地需要一个过程,必须远近结合、久久为功"。①榕江作为全省文旅资源富集的县份之一,以文旅产业高质量发展为抓手推进县域现代化就成为其目标。

为了实现目标,榕江找到了"村超"这一路径。进一步地说,把"村超"做好,就是榕江实现县域现代化的路径。为此,榕江首先在全县范围开展"我为'村超'干点啥""如何守护'村超'""我为'村超'氛围营造做点啥"的"'村超'思想解放三部曲"活动。"'村超'思想解放三部曲"活动表明,"村超"既不只是少数领导干部的事,也不仅是某一个部门的事,而是全县各族人民的事。从表面上看,"村超"好像只与足球有关,只涉及体育主管部门、足球运动员及裁判等,和其他部门和人员没有关系。实际上,全民办"村超"就意味着从各级领导、各个部门到各族群众,大家都有不可推卸的责任,大家都是"村超"的一员。正因为如此,每一个人都不是旁观者或局外人。而作为主人,就应根据自身的身份,扮演好自己的角色,就必须尽到自己的一份力,进而各司其职、各负其责。

其次,系统谋划并布局"'村超'行动三步走"。第一步:用"神秘多彩民族文化+全民足球氛围+新媒体运营"推动"村超"出圈。第二步:发起全国美食足球邀请赛,用"各地美食+民间足球友谊赛+'村超'风口流量共享"营造全民足球氛围。第三步:发起"一带一路""村超"国际友谊赛,以足球为媒,主动融入并服务国家"一带一路"倡议,将"村超"打造成为"一带一路"国际传播民间交往的文化

---

① 许邵庭、曾书慧:《深入学习贯彻习近平总书记重要指示精神 乘势而上扬长补短加快推动旅游业高质量发展》,《贵州日报》2023年9月15日,第1版。

平台。

榕江"'村超'行动三步走",实际上就是榕江出台的一个简明行动方案,这个行动方案绘制了"村超"行动的时间表和路线图,"三步走"就是三个阶段。虽然三个阶段的重心和任务各不相同,但它们都指向同一个目标,即全民办"村超",从而推动榕江文旅产业高质量发展。总体上看,榕江"'村超'行动三步走"是一个有目的、有计划的,由近到远、相对成熟的构想,这一构想体现了榕江在谋划自身发展道路上的超前性和自觉性。

榕江在做大做强"村超"品牌的道路上当然不会就此止步,仅仅满足于"'村超'行动三步走"这一层面,而是会向更高更远的目标冲刺和进军。

"村超""一带一路行"传播策划会(转自欧阳章伟朋友圈)

总之,榕江在对目标与路径关系的把握上,做到了目标明确、路径清晰。榕江在谋划"村超"的过程中虽然没有现成经验可供其借鉴参考,纯粹属于摸着石头过河,但榕江并不是盲目行动,走一步看一步,在哪里黑就在哪里歇,而是把短期及中长期的重心和任务做了合理布局。榕江"'村超'行动三步走",是一个量力而行、由易到难的系统性谋划。三个阶段既彼此衔接又逐级提升,这为榕江"村超"行稳致远奠定了坚实基础。

三、物质与精神

物质与精神相比,物质处于基础性地位,因为它事关人的生理需求及满足。在物质保障方面,榕江确实给予了足够重视。"超好吃""超好住""超好行""超好购"涉及饮食、住宿、出行、购物等重要方面,这些方面一旦出现问题,就必然给球迷和游客带来巨大麻烦,球迷观看比赛、游客欣赏美景的心情就会受到严重影响,其后果可想而知。有鉴于此,榕江在食物酒水、酒店宾馆、交通工具、物资货品等物质满足方面花了很大功夫,唯恐出现丝毫闪失。正是因为这样,县外、省外甚至国外的客人才会源源不断地到来。

榕江在举全县之力为宾客提供物质满足的同时,在精神满足方面也下了很大力气,尽可能让球迷和游客感到满意和舒心。观看足球比赛本身就是一件激动人心的事情,让观众产生内心愉悦自不待言。最让人获得欣喜体验的,莫过于在每一场球赛的比赛间隙所呈现的文化娱乐表演。那些极具民族特色的歌舞不仅能对观看足球比赛的紧张心情进行适当调节,而且把精神的享受推向极致。观赛之余,到附近的苗寨、侗寨等景区景点去饱览当地的少数民族特色文化,体验当地的风土人情更是锦上添花。

总之，榕江在对物质与精神关系的把握上，没有顾此失彼。正是因为榕江做到了物质与精神两不误，对所有来宾的各种需求都切实满足，游客们才会乐不思蜀、流连忘返。

四、需求与供给

需求与供给这两个与经济学有关的概念，人们并不陌生。作为东道主，榕江就必须顺应消费者对商品或服务的数量、质量、内容、形式等方面的需求而做好一切充分准备。

就数量和质量而言，榕江在吃、住、行、游、购、娱这六个方面下足功夫。如果外来球迷和游客到了榕江之后，发现在吃、住、行、游、购、娱方面，满足不了自己的需求，他们会倍感失望，而"村超"一时获得的成功，也可能只是昙花一现，而无法持续下去。

就内容而言，榕江虽然没有许诺会提供多少内容丰富的商品或服务，但从当地多姿多彩的民族文化形态，以及与众不同的羊瘪、牛瘪等美食便可看出，榕江提供的产品内容足以让外来球迷和游客感到满意。

就形式而言，苗族、侗族、水族、瑶族等的传统音乐、舞蹈、建筑等足以让外来游客心向往之。

总之，榕江在对需求与供给关系的把握上，能够顺应消费者的需求，适时增加供给。在举办"村超"之前，也许榕江在商品或服务的提供方面与其他地方没有什么明显区别，但"村超"的举办是对榕江的严峻考验。要让"村超"能够成功，身为供给方的榕江无论是在商品或服务供给的数量和质量上，还是在商品或服务供给的内容和形式上，都不得有丝毫的马虎和松懈，只有这样，"村超"才不仅能取得成功，而且越办越红火。 在具体实践中，榕江确实这样做了，但还需继续努力，不断完善。

五、全局与局部

榕江作为贵州省黔东南苗族侗族自治州的一个县，同样面临着全局与局部的问题。 一方面，与其所辖乡（镇）、所辖村、所辖组比起来，榕江是全局，它要把握好其与所辖乡（镇）、所辖村、所辖组之间的关系。 另一方面，与其所在州（市）、所在省（市、区）、所在国家比起来，榕江只能算是局部，它要把握好其与所在州（市）、所在省（市、区）、所在国家之间的关系。 把这两重关系概括起来，就是既要胸怀全局，又要坚守局部。

从全局来看，榕江作为一个县域整体，应把握好县城以及所辖20个乡镇（街道）、250个行政村（社区）之间的关系。 对此，榕江通过以点带面的方式来实现全县经济社会发展的目标。 榕江在县城所在地举办"村超"，各个乡（镇）除了要设法组建足球队参加比赛外，还要把最能体现自身实力的民族歌舞节目及特色美食等拿出来展示。 此外，各个乡（镇）还最大限度地利用"村超"这一品牌，把自己生产出来的农特产品向外界宣传推介和销售。 应当说，榕江举办"村超"没有其他意图，最终目标只有一个，那就是通过"村超"这一亮丽名片，让全县所有的老百姓早日富裕起来，过上幸福美满的生活。 目前，榕江各级领导干部与各族人民一起，正在同心协力、努力拼搏，走在通往这一宏伟目标的途中。

按理说"村超"是否出圈，都是榕江自己的事，与其他地方没有多少关系，但事实并非如此。 这具体表现在两个方面。 第一，"村超"能够取得成功，离不开各项政策的支持。 第二，"村超"火爆出圈之后，必然要面对外来文化元素。 榕江作为"村超"的发源地，是否要适当吸纳来自其他县、其他州（市）、其他省（市、区）、其他国家的文化元素？ 这是榕江必须回答的问题。 以下事实可以被视为榕江作为局部所提供的答案。

2024 年 5 月 18 日，"滚山珠"亮相"村超"。"滚山珠"源于贵州纳雍，是集芦笙吹奏、舞蹈表演、杂技艺术于一体的苗族舞蹈。"滚山珠"原名"地龙滚荆"，苗语"子罗多"，2006 年入选首批国家级非物质文化遗产名录。 在"村超"赛场上，滚山珠笙不离口、曲音激昂，表演了倒栽桩、双飞燕、搭人桥、地龙滚荆、叠罗汉等高难度动作。节目再现了苗族大迁徙途中苗族青年用身躯滚过荆棘、为同胞开辟道路的惊险历程，展现了苗族同胞英勇无畏的精神，也表达了他们面对困难时的自信与乐观态度，体现了苗族人民坚韧顽强、不屈不挠的性格，承载着苗家人对自身民族迁徙的记忆。 2024 年 6 月 10 日，河南省洛阳市足球队、西藏自治区日喀则市足球队、内蒙古自治区呼伦贝尔市足球队齐聚榕江"村超"足球场开展足球友谊赛。 三个城市的啦啦队和助演嘉宾还分别在球赛中场休息环节，为成千上万观众带来了风格各异、极具特色的《呼伦贝尔大草原》《圆满萨迦》《侍女蹴鞠图》《萨迦索舞》等歌舞表演。

由此可见，"村超"在坚持"村味儿"不变的前提下，也注重加强与县外文化交流，丰富"村超"的文化内涵。

总之，在对全局与局部关系的把握上，作为全局，榕江通过以县城带乡（镇）的方式把足球与当地民风民俗、特色美食等展示结合起来，尽最大努力向县外、州外、省外乃至国外宣传推介"村超",销售自己土地上生产出来的农特产品。 作为局部,榕江对外秉持包容开放的态度,在坚持"村味儿"的同时,尽可能做到海纳百川有容乃大,把外来文化元素吸收进来,从而提高自己的知名度、美誉度和影响力。 应该说,榕江无论是扮演全局角色还是扮演局部角色,都没有缺位,也没有越位,始终在正常轨道上积极作为。

六、当前与长远

"村超"虽然已取得成功并已显示出某种带动作用,但从目前榕江全县的具体情况看,与"村超"存在着直接关联的部门和人员还只是其中的一部分,大部分部门和人员还肩负着自身的分内职责。 况且,"村超"赛事不是天天都有,闲置的时间不少。 在此情况下,榕江就应立足当前,扎实做好一些打基础、利长远的工作。

总的来说,榕江在对当前与长远关系的把握上还略欠平衡。 这主要表现在两个方面。 一是对于当前的工作,重点还不甚明晰。 主抓"村超"当然无可厚非,但其他工作也应紧紧跟上,不然就会面临"单打一"的风险,应尽力做到农、文、体、旅、商齐头并进、协同发展。二是对于长远的谋划方面,注意力高度集中在与"村超"存在直接关联的商品或服务的提供上,其他方面重视不足。 当然,榕江在推动区域经济社会发展的道路上目前仍然处于摸索阶段,一时还不可能做到尽善尽美。 不必求全责备。 只要榕江一步一个脚印地走下去,其辉煌的未来必将指日可待。

七、战略与策略

战略关涉看待问题的高度，这种高度应具有宏观性，要从一个宽广的范围着眼。策略关涉处理问题的细节，细节具有微观性，因而必须小心谨慎，不能粗枝大叶、疏忽大意。只拥有战略眼光而忽视策略细节就看不到事物的丰富性和复杂性，会导致只见"森林"、不见"树木"的后果。只注重策略细节而缺乏战略眼光，则会看不到事物的轮廓和全貌，导致"不识庐山真面目，只缘身在此山中"的结局。战略与策略都很重要，两者不可偏废。

榕江要实现经济社会高质量发展，必须做好顶层设计、制度安排，树立全县一盘棋思想，要有一个尽可能涵盖各个行业和各个方面的宏观架构，要具有"鸟瞰"一切的胸襟和气度，力争做到"眼观六路，耳听八方"。对于一个拥有将近40万人口的多民族杂居县来说，农业、文化、体育、旅游、商贸、市政建设、交通运输等相互依存彼此关联，是一个血肉相连的有机整体，应该说各行各业都不可缺少，方方面面都应照顾到。这么说，并不意味着要时时处处平均用力，没有主次之分；但那种只抓农业而忽视文旅的想法，或者只重视经济而不管教育的做法一定是缺乏战略眼光的表现。面对千头万绪的"麻雀虽小、五脏俱全"的复杂局面，要善于厘清思路，抓住要害，把握住轻重缓急。重要的事情大办，次要的事情小办；紧急的事情先办，不急的事情后办。千万不要眉毛胡子一把抓。从榕江目前的情况看，应牢牢扭住"村超"这个牛鼻子，不断强化"村超"品牌带动战略，把各行各业工作通过"村超"效应抓实抓好，以期形成一种众星拱月式的良性循环。

在坚持大处着眼的同时，还必须小处入手。要注意解决前进道路上遇到的各种小问题，不能回避问题，防止小问题变成大麻烦；要注意推动各项战略部署落地落实，清除政策落地过程中的各种障碍；要注意把握好政府与市场的关系，不能因为要推工作而强用政府手段，忽视市场规律；等等。

总之，榕江在对战略与策略关系的把握上，目前还有不少工作要做。一方面，应当把全县各方面的资源聚集起来，进行整合，从而形成合力，促进全县综合实力整体跃升。另一方面，应当不放过任何一个环节和任何一个细节，在真抓实干上下功夫。

第九章

"村超"闯新路

"村超"的启示及未来发展

　　人们在解码"村超"的时候往往会问两个问题。第一个问题：榕江足球一直有，为什么以前不火？答曰："村超"是专业策划的结果。第二个问题：为什么有专业的策划，之前的5次县域IP打造活动没有火？回答是因为那都不是足球运动。解码"村超"，离不开榕江、足球、时代、人民、人才、担当等关键词。进一步做好"村超"亦然。

"村超"

闯新路

"村超"火了，已经火了两年，可能还会继续火下去。 在一个民族聚居的偏远县城，刚刚脱贫摘帽没两年，就干出了这么一件火爆的事情，其背后一定隐藏着某种"密码"。 从宏大的时代背景看，物质富足、设施改善是"村超"火爆的根本原因，是时代造就了"村超"。 从具体运行逻辑看，"村超"是政府、群众和专家系统等各方面的力量各尽其责、共同努力的结果，其中蕴含着大量规律性的道理，这些道理具有重要的启示意义和借鉴价值。 当然，由于"村超"是新生事物，在前进的过程中只能摸着石头过河，需要把握好定位方位、轻重缓急、品质品牌，更好地布好局、服好务，方能推进"村超"行稳致远。

一、时代造就了"村超"

1. 不焦心吃才有精力玩

　　新中国诞生时，我国经济基础极为薄弱。 1952 年我国国内生产总值仅为 679 亿元，人均国内生产总值为 119 元。 改革开放以来，我国经济快速发展，1986 年经济总量突破 1 万亿元，2000 年突破 10 万亿元大关，超过意大利成为世界第六大经济体，2010 年达到 41.21 万亿元，超过日本并连年稳居世界第二。 2018 年我国人均国民总收入达到 9732

美元，高于中等收入国家平均水平。① 据国家统计局时任局长宁吉喆介绍，2021 年，中国国内生产总值达 114.4 万亿元，稳居世界第二，占全球经济比重超过 18%。② 2023 年，国内生产总值超过 126 万亿元，同比增长 5.2%；当年中国经济对全球经济增长贡献率达 32%，是世界经济增长的最大引擎。③

　　贵州经济与国家发展同频共振。但整体而言，贵州发展滞后于国家发展步伐。1985 年，新华社《国内动态清样》以"赫章县有一万二千多户农民断粮，少数民族十分困难却无一人埋怨国家"为题，报道了赫章县及海雀村的贫困状况。"在海雀村 3 个村民组察看了 11 户农家，家家断炊。苗族老大娘安美珍瘦得只剩枯干的骨架支撑着脑袋，一家 4 口人，丈夫、两个儿子和她，终年不见食油，一年累计缺 3 个月的盐，4 个人只有 3 个碗，已经断粮 5 天了。""没有一家有活动钱，没有一家不是人畜同室居住的，也没有一家有像样的床或被子；有的钻草窝，有的盖秧被，有的围火塘过夜。"……

　　1985 年 7~8 月，贵州省委、省政府组织调查组，对全省贫困状况进行了一次比较系统的调查，重点调查了 93 个乡 320 个村民小组 11533 户家庭。调查结果系统描述了当时的贫困状况。④

---

① 国家统计局综合司：《沧桑巨变七十载 民族复兴铸辉煌——新中国成立 70 周年经济社会发展成就系列报告之一》，中华人民共和国中央人民政府网站，https://www.gov.cn/xinwen/2019-07/01/content_5404949.htm。

② 孔德晨：《"十四五"中国经济实现良好开局》，《人民日报》2022 年 1 月 18 日，第 2 版。

③ 樊曦、王聿昊、王优玲、于文静：《2023 年中国经济"成绩单"成色十足》，中华人民共和国中央人民政府网站，https://www.gov.cn/yaowen/liebiao/202403/content_6936935.htm。

④ 贵州省地方志编纂委员会编《贵州省减贫志》，方志出版社，2016，第 26~27 页。

一是经济发展水平低。 1984 年，26 个贫困人口集中的县人均工农业总产值 224 元，只相当于全省平均水平的 48%、全国平均水平的 22%；人均工业产值仅 34 元，相当于全省平均水平的 14%、全国平均水平的 5%；人均粮食 232.5 公斤，相当于全国平均水平的 60%。

二是衣食严重不足。 据对 1984 年 21 个贫困人口集中县的统计，农民人均纯收入 110.58 元，相当于全省平均水平的 42%、全国平均水平的 31%。 这些地区的贫困户占总农户的 70% 左右，他们多数都欠债，收粮还债后，一般缺粮 5 个月左右，只有靠洋芋、红薯、蔬菜艰难度日，有的甚至用野菜充饥，处于半饥饿状态。 他们也没有经济能力购买生产资料，面临来年仍歉收的贫困循环。 除了面临饥饿，农民的居住条件差，饮水也非常困难。

三是卫生医疗条件落后。 由于农民长期营养不良，身体素质差，抗病能力低，加之缺医少药，群众发病率和死亡率都比较高。 望谟、三都、榕江、雷山、沿河、印江等县的地方性甲状腺肿患病率高达 10% 以上。

据《榕江县志》（1999 年版）记载，抗日战争时期，广西大学迁入贵州榕江，将足球运动传入榕江。 到 20 世纪 80 年代，足球文化在榕江已经有了一定的推广。 但在那个年代，人们缺吃少穿，忙于生计、体力不支，足球运动并没有得到普及。

贵州省针对麻山、瑶山等地的极贫实际，于 1994 年 8 月成立麻山、瑶山地区扶贫开发试验区。 通过开展部门承包，坚持不脱贫不脱钩，实行资金投入倾斜，加大扶贫力度，减免农业税费，让农民休养生息、组织劳务输出、增加劳务收入等方式攻坚"两山"贫困。 2001 年 7 月，《中共贵州省委、贵州省人民政府关于切实做好新阶段扶贫开发工作的决定》(黔党发〔2001〕16号)发布,要求力争用5年左右的时间解决尚未越过温饱线的贫困人口的温饱问题,用10年左右的时间实现稳步脱贫奔小康的目标。 在此期间,贵州的扶贫工作得到了国家相关部委的大力支持。 通过一揽子扶贫措施的运用,贵州省委、省政府形成了"三个三"的综合性开发扶贫思路,扶贫工作成效明显。 数据显示,贵州贫困人口从2001年的305万人下降到2007年的236万人,贫困发生率从8.0%下降到6.5%。 2008年,国家将贫困标准从2007年的年收入1067元提高到年收入1300元,首次达到国际标准。 标准调整后,2008年贵州贫困人口数量为626万人,到2010年下降到421万人,平均每年下降102.5万人,贫困发生率从2008年的17.4%下降到2010年的12.1%,平均每年下降2.65个百分点。①

2013年12月18日,中共中央办公厅、国务院办公厅联合发布了《关于创新机制扎实推进农村扶贫开发工作的意见》(中办发〔2013〕25号),提出新阶段扶贫开发改革创新思路,明确要求建立精准扶贫工作机制,标志着我国进入精准扶贫时代。 为落实中央精准扶贫精神和确保"十三五"期间消除绝对贫困,贵州省围绕国家精准扶贫系列战略部署构建了"1+2""1+6""1+10"等政策体系,举全省之力向绝对贫困发起总攻。 农村建档立卡贫困人口从2014年的623万人(当年以农民人均纯收入2800元为贫困线标准)减少到2018年的155万人(当年以农民人均纯收入2995元为贫困线标准),累计减贫468万人,平均每年减少117万人;贫困发生率从18.0%下降到4.3%,减贫人数全国第一。

2015年6月18日,时任国务院副总理汪洋在深入调研的基础上指

---

① 黄承伟主编《脱贫攻坚省级样板:贵州精准扶贫精准脱贫模式研究》,社会科学文献出版社,2016,第6页。

出，贵州省精准扶贫精准脱贫的做法为全国扶贫攻坚探索了可信可行、可学可用的"贵州经验"，创造了精准扶贫"贵州模式"，初步形成了脱贫攻坚的"省级样板"。

2020年11月23日，贵州省政府新闻办召开发布会，宣布经省脱贫攻坚领导小组会议审定，紫云县、纳雍县、威宁县、赫章县、沿河县、榕江县、从江县、晴隆县、望谟县9个县退出贫困县序列。至此，贵州"66个贫困县全部实现脱贫摘帽"，"共有923万人脱贫、192万人搬出大山，减贫人数、易地扶贫搬迁人数均为全国之最"。① 贵州历史性解决绝对贫困问题。

宏观经济的发展，脱贫攻坚系列战略的实施，为地处苗侗文化腹地的榕江县带来了发展机遇，提供了发展动力，该县经济社会发展成就同样令人瞩目。地区生产总值从2015年的48.26亿元增加到2020年的84.62亿元，五年增长了0.75倍。榕江落实"六个精准""五个一批"，全力打好"四场硬仗"，"两不愁三保障"和饮水安全全面实现。2.53万名贫困群众搬进县城，榕江易地扶贫搬迁入选国家发改委"十三五"易地扶贫搬迁工作成效明显县。全县13.9万名贫困人口全部脱贫，16个贫困乡镇160个贫困村全部出列，整县实现脱贫摘帽，全县贫困人口收入全部超额达标，家家户户衣食无忧。②

榕江经济在"十四五"期间继续加力。据统计，2023年榕江县实现生产总值95.87亿元，按不变价格计算，比上年增长4.8%。年末

---

① 李自良、潘德鑫：《贵州：撕掉"绝对贫困"的千年标签》，新华社贵阳，2021年5月20日。
② 榕江县县长侯美彪在榕江县第十七届人民代表大会第五次会议上作的《政府工作报告》，2021年3月9日。

2020 年 11 月 29 日《人民日报》报道榕江"不等不靠主动摘帽"

全县农村居民人均可支配收入 13671 元，比上年增长 8.5%；农村居民人均生活消费支出 13066 元，比上年增长 8.8%。 城镇居民人均可支配收入为 39596 元，比上年增长 4.2%；城镇居民人均生活消费支出 20080 元，比上年增长 10.2%。①

　　经济社会的快速发展，使老百姓生活条件极大改善，老百姓不再焦心吃，就会有更高的热情参与各类文化娱乐活动。"村超"没有商业运作、没有赞助商、没有广告、不售门票。 参赛球队活动经费由各村自筹，球员自己掏钱买球衣，自行组织日常训练。"村超"开场，村民们身着民族盛装，挑着腌鱼、糯米饭等美食，端着杨梅、西瓜等水果，伴

① 榕江县人民政府办公室：《榕江县 2023 年国民经济和社会发展统计公报》，rongjiang.gov.cn。

着悠扬的芦笙和铿锵的锣鼓声,载歌载舞进入绿茵场。 在中场间隙的互动环节,有时会有村民对观众进行美食"投喂","投喂"美食有牛头肉、糖糕、糍粑、酸菜折耳根、腌鱼、腌肉……而这些都说明,现在的榕江人民,已经实现了物质宽裕,不再焦心吃的问题,有"闲心"玩足球、有"闲钱"支持球队参赛、有"闲米闲菜"在现场对观众进行免费"投喂"……

2. 设施好了才有地方赛

1999 年,首届车江乡村足球联赛开始酝酿。 当时足球运动风靡榕江县城,周边的村民们在河边找到一片因洪水冲刷而被废弃的农田,拔去杂草,铲平土地,又从河对岸伐来松木,搭起两个简易球门,用石灰粉画上线,耗时 2 个多月,"自制"了一个简易的露天足球场。

球场修好后,主办比赛的村民用毛笔写了大约 20 封邀请信,细心装进信封后,贴上 3 根鸡毛,然后送到车江乡各村的村委会,村委会以及妇联组织带着邀请信敲开各家各户的大门,会踢球的就组成球队,不会踢球的自发组成后勤队、表演队,为本村代表队呐喊助威,做饭担水。 那一年,首届车江足球联赛打响,上万人聚在这片小小的足球场上观看比赛。

随着时代的发展,各类体育设施逐渐被纳入政府的建设规划。 榕江在县域内建设全民健身步道、户外运动设施、全民健身场所等基础配套服务设施,积极打造城区百姓身边"15 分钟健身圈"。 截至 2024 年7 月,全县已建设县级公共体育训练场馆 5 个,所有行政村(社区)"农体工程"体育健身设施建设实现全覆盖。[①] 资料显示,目前榕江县有

---

① 《榕江县用好"村超"出圈机遇推动体育事业提质增效》,《榕江政务公开》2024 年第 121 期。

14个标准足球场。 全县38.5万人，按此计算，平均每万人拥有足球场0.4座，每万人拥有的足球场面积为2856平方米。 体育设施特别是足球场的不断完善，为足球人才的培养奠定了良好的基础。

"村超"举办地城北体育馆就是体育设施变好的代表。 据欧阳章伟介绍，从传播角度来看，球场四周民族风的建筑风格颇具特色，球场看台斑驳掉漆比较接地气，场地面积是整个县城最大的，能最大限度容纳观众。 场地设施完善了，参赛球队多了，观众爆满球场，容易形成利于传播的大场面。

榕江城北体育馆（榕江县政府办 提供）

除了球场不断完善，便捷的交通也为"村超"提供强大支撑。 从全省的角度看，截至2020年底，贵州省高速公路通车里程达7607公里，高速铁路通车里程达1527公里，民航旅客年吞吐量突破3000万人次,综合立体交通体系基本形成。①

　　榕江作为黔东南区域副中心城市,是西部陆海新通道重要节点城市、贵广高铁入黔第一城。 贵广高铁、厦蓉高速、荔榕高速、剑榕高速、雷榕高速穿境而过,到贵阳、桂林1小时,深度融入粤港澳大湾区高铁3小时经济圈。 到2020年,榕江全县公路通车总里程达4170公里,榕江正在成为贵州南部的交通要塞、桥头堡和珠三角进入贵州第一城。② 完善的交通基础设施及交通运输体系,为庞大的人流"涌入"榕江提供了最基础的保障。

榕江高铁站(榕江县政府办 提供)

---

① 贵州省省长李炳军在贵州省第十三届人民代表大会第四次会议上作的《政府工作报告》,2021年1月25日。
② 榕江县县长侯美彪在榕江县第十七届人民代表大会第五次会议上作的《政府工作报告》,2021年3月9日。

3. 网络通了才有渠道播

　　据贵州省通信管理局二级巡视员郭智翰介绍，2018 年贵州所有行政村通光纤宽带和 4G 网络，2020 年所有 30 户以上村组通 4G 网络，2021 年所有乡镇通 700M 5G 网络，截至 2022 年 8 月，全省行政村 5G 通达率为 38%。① 2020 年，榕江光纤、4G 网络已实现村村通。② 榕江抢抓信息网络通畅化、传播渠道多元化（抖音、快手等传播平台基本普及）机遇，紧跟网络时代的发展大势，提出"让手机变成新农具、让数据变成新农资、让直播变成新农活"的发展思路，大力发展新媒体产业，抢抓流量经济时代的新风口。

榕江新媒体人（榕江县政府办 提供）

---

① 《贵州交通、水利、通信等基础设施建设情况新闻发布会》，2022 年 8 月 29 日。
② 榕江县县长侯美彪在榕江县第十七届人民代表大会第五次会议上作的《政府工作报告》，2021 年 3 月 9 日。

以建立起新媒体产业园为载体,实施"新媒体助力乡村振兴万人行动"培训计划,培育了本地网络直播团队2200余个,孵化出超1.2万个新媒体账号。

"村超"传播热,通畅的网络设施是基础。没有信息网络,再好的内容也传不出去。1.2万多个新媒体账号和2200余个本地网络直播营销团队发挥了重要作用,他们通过抖音、快手、微信视频号等自媒体平台宣传"村超",推动"村超"迅速扩散。

二、"村超"背后的三个英雄

1. "村超"背后的人民群众

毛泽东指出:"人民,只有人民,才是创造世界历史的动力。"[①]而"人们为了能够'创造历史',必须能够生活。但是为了生活,首先就需要吃喝住穿以及其他一些东西。因此第一个历史活动就是生产满足这些需要的资料,即生产物质生活本身。"[②]

榕江曾经是国家扶贫开发工作重点县,也是贵州省16个深度贫困县之一,县域内的月亮山一度是深度贫困的代名词。尽管是深度贫困县,榕江的好东西却不少:榕江因西瓜、脐橙的甘甜而戴上了"甜甜的"标签;榕江小香鸡、塔石香羊是国家地理标志产品;牛瘪羊瘪风味浓烈,榕江号称"中国瘪城"……但是,曾经因为交通的不便,这些都只是"藏在闺中人未知",农产品运不出去,一筐筐挑着走村串寨,糟

---

① 毛泽东:《论联合政府》(1945年4月24日),载《毛泽东选集》第3卷,人民出版社,1991,第1031页。

② 《马克思恩格斯选集》(第一卷),人民出版社,1995,第158页。

蹋的比卖掉的还多，好产品转换不成经济收益。

在国家的支持和榕江人民的努力下，榕江的交通条件得到改善，全县公路通车里程达 4170 公里。 交通方便了，榕江先是确定了发展草珊瑚、金钩藤、百香果等中长期产业，又规划了果、蔬、菌等短平快项目，实现产业发展"长短结合"。 同时还把刺绣、蜡染等看家技艺拿出来，推动"指尖技艺"转换为"指尖经济"。 产业发展带来的收益，激发着老百姓的劳动热情与脱贫意识，经济发展了，老百姓主动申请摘掉贫困户帽子。 榕江人民通过多年的努力，创造了丰裕的物质财富，实现了稳定脱贫，为文化体育等精神活动的开展提供了坚实支撑。

老百姓创造了丰裕的物质生活以后，便更加关注精神生活的改善。 于是，榕江人民所酷爱的足球运动就成为一项主要的精神文化活动。 而且，为了让活动"更有意思"，在比赛的过程中把民族文化也搬上球场，用土特产做比赛的奖品。 而这样的场景通过车民小学校长杨亚江发朋友圈后，引起欧阳章伟的关注，进而有了"村超"创意的提出。 因此，从创意原点上看，"村超"是人民群众创造的。

为了发动全体老百姓参与"村超"，榕江县分别开展了三次全县范围内的思想解放大讨论活动。 每次讨论坚持从群众中来，到群众中去，通过举办征文活动，发布倡议书，召开"座谈会""榕易谈""院坝会"等方式，广听民声、广聚民意、广集民智，做到主意大家拿、办法大家想、事情大家做。

正是每次思想解放大讨论活动，激发起群众广泛参与"村超"的热情，让老百姓树立起主人翁意识。 出租车、酒店不涨价，商户诚信经营……不仅自己自觉，遇见不良行为还会主动制止。 群众的广泛参与，为"村超"营造了极好的发展氛围。

摆贝老爷爷招呼游客在家吃饭（引自"贵州村超纪实"微信公众号）

　　游客太多，床位不够，榕江百姓就收拾出家里的空房，邀请游客到家居住。榕江县民族中学的杨兰芝在她的文章里这样描述榕江人民在街上"捡"游客的场景：

　　有这样一对热爱足球、热爱"村超"的夫妻，一天凌晨看完球赛后手拉着手走在回家的路上，夜幕中看到一个男子正在街边踽踽独行，两人走上去一问，果然是来看"村超"找不到住宿的外地游客。夫妻俩毫不犹豫地热情邀请游客去他们家住宿，以至心怀感激的游客第二天特意到"村超"现场请主持人帮忙寻找那对夫妻，要对他们当众再表达一次感谢。

　　夫妻俩则不以为意。"这很正常啊！很多榕江人都在默默奉献和努力，我们只是力所能及地为'村超'做点事情而已，人家游客大老远跑来，看到他们没地方住很心疼。"

无独有偶，就在那对夫妻"捡"到游客的当天晚上，杨兰芝的一个女同学也在街上"捡"到三个女孩。她的这位同学在回家的路上，看到三个十五六岁的小姑娘还在街上，一问才知道她们是隔壁县一所中学的学生，放学后偷偷骑摩托车来榕江看"村超"，既没钱吃饭，也没地方住，连回家的路口都忘了。女同学想都不想立刻把三个女孩"捡"回家去，尽管自己又累又困，但仍然坚持给她们做饭、铺床，待一切料理妥当，已是凌晨三点。

一美容店的两名员工去贵阳出差，在坐动车回榕江的路上，听见车厢内好多乘客都在聊"村超"，并且好多乘客都是来榕江的。她们得知一位安徽来的朱姓警官没订到房间，下车后主动带他进城，并安排他住到亲戚家。

朱警官感激得不得了，说："原本我家人不让我来，他们讲到那里人生地不熟的怕没地方住，我说不怕可以找志愿者，结果没想到还没下车就遇到了你们两个好心的'便衣'志愿者。"

俗话说"害人之心不可有，防人之心不可无"，然而，"村超"这条无形的纽带让人们摒弃了猜疑，把外地游客和本地群众联结起来。

这种半夜三更在大街上"捡"游客的事情越来越多，榕江人民的朋友圈和各个群里也不约而同地流行起这样的语言：有谁家里还有空房间吗，这里有两个游客没有地方住；这里有三个广州来的游客，哪家有条件接待一下吗；等等。

接着，各业主群、各村寨群也陆续出现了类似的信息：各位，因外地来看"村超"的游客越来越多，县城及周边床位已爆满，现在接待游客最缺的就是住宿,为了让游客有地方住,倡议把自家的空房腾出来,做好卫生和安全工作,提供给游客住,可免费可收费,有意者请联系我登记,感谢大家对"村超"的支持和帮助!

这样一来,全民响应,既减轻了住宿压力,还有效规避了可能存在的一些风险,为"村超"的顺利举办又增加了一道安全保障。

杨兰芝家在体育馆附近,小区业委会主任在群里不仅倡议大家腾出空房,还倡议腾出车位。 小区业委会主任号召大家说:"我们本地人可以找到别的地方停车,而外地游客初来乍到摸不着头脑,进我们小区来如果找不到车位,就更找不到停车的地方了。"

所以,一到周末,杨兰芝家小区门口的拦车杆就高高立起来,旁边还贴上"免费停车"四个大字。 杨兰芝就和很多邻居一样,自家小车停在别处,为外地车辆停放留出空间。 于是,小区停车位里的汽车,大多是"赣""湘""苏""京""沪""浙""川"等车牌。

除了"捡"游客的老百姓,为游客留出停车位的居民,还有挖空心思进行非遗展演设计的大爷大妈、执意捐款 50 元支持球队比赛的 94 岁的杨奶奶,等等。 他们都是"村超"的超级英雄!

榕江县总结说,"村超"出圈背后的高人是人民群众,是坚持人民主体、人民主创、人民主推、人民主接的结果。

人民主体。"村超"是民间自发组织、群众广泛参与的大规模乡村体育赛事,赛事的队伍组建、赛程安排、晋级规则、节目表演、奖励奖品都是村民自发组织、自行决定、自行实施。 球员身份不受职业限制,驾驶员、厨师、搬运工、教师、农民及在外务工人员等均可报名参加,营造了全民参与、全民热爱、全民狂欢的足球盛宴。

人民主创。 群众自发开展节目设计和排练,设计各类型的啦啦队巡游，很多节目都没有专业的指导，但群众的创造力和首创精神让所有的节目更加天然、淳朴、快乐，更加精彩。

人民主推。 发挥榕江新媒体产业优势，用好全县 2200 余个网络直播营销团队和 1.2 万多个新媒体账号，鼓励村民自发在自媒体平台上制作并推出更多"村超"攻略、视频、笔记，主动宣传、拍摄"村超"爆点热点、精彩瞬间、感动画面，营造全民宣传推广的浓厚氛围。

人民主接。 引导群众主动靠前服务，热情好客的榕江人免费为游客提供住宿、自发制作美食免费供游客品尝、自发组成车队免费接送游客，积极主动回答游客疑问，热情招待游客，彰显城市温度。 增强广大群众主人翁意识，营造"人人都是形象大使、处处体现流量担当、事事关系村超品牌"的城市氛围。

2. "村超"背后的专家系统

关于牛顿与苹果的故事，有人这样反问：如果苹果不是落在牛顿头上，而是落在一个普通人头上，会是怎样？ 推测的结果往往有两种：一种是苹果把人砸成傻子；另一种是这个人顺手把苹果捡起来吃掉。反正不会产生万有引力理论。

欧阳章伟也有类似的际遇。 他是从事品牌策划和新媒体传播的专家，因此，他能够从品牌打造和新媒体传播效果的视角、用专家的眼光看待杨亚江校长发在朋友圈的那条视频，认为"老百姓们在场边敲锣打鼓，八个大汉抬着一头绑着大红花的猪在足球场巡游，并将猪作为奖品颁发给冠军队伍以及猪被三轮车拉走的画面"极具传播价值。 如果换作别人，没有新媒体思维，没有想到要给榕江打造城市 IP，他可能只是给杨亚江校长的这条朋友圈点个赞，或者最多在朋友圈下面评价一两句话。　但，这事可能就过去了。

　　不仅欧阳章伟，还有王永杰、由守义、彭西西、孙国秀、李哲亚、刘敏涛……他们组成一个"专家系统"在支持着"村超"。

"村超"传播团队（王永杰 提供）

　　从传播的角度，欧阳章伟和王永杰是专家。　比如，对杨亚江校长朋友圈视频，他们从新媒体传播的角度进行解构和重组："抬猪颁奖，在平常人眼中很普通的场景，在我们眼里，视如珍宝，显得极其不平常。　换一个角度，不同的思维，往往就能发现新的机会。"比如，他们把足球的民众基础、接地气的表达方式、文化的生命力和新媒体传播工具结合在一起进行融合创新，才有了不一样的"村超"。　比如，建立一个"去中心化"（或者叫"去官方化"）的新媒体主账号，规避了"官方"账号的很多束缚，实现"甩开膀子加油干，大胆干的效果"，同时建立"1+N"的传播矩阵，使传播效果发生裂变效应。　比如，通过建立"流量池"，实现与全国媒体共享内容；保持与主流媒体的沟通和交流，做好媒体服务。　在榕江"村超"新媒体专班整个"传播专家系统"的努力下，"村超"的传播取得了教科书般的成功，为"村超"出圈提供了基础性的支撑。

由守义是创意策划和品牌运营方面的专家，在他的努力下，"村超"球场和周边不仅充满乡土味儿，也处处充满设计感。由守义还给"村超"球赛设计了一句口号"人生就该有追球"，成为大家熟知的"村超"宣传语，他还为"村超"创作了脍炙人口的歌曲。

专业团队在直播"村超"（榕江县政府办 提供）

榕江籍优秀乡贤彭西西是直播方面的专家，他有一个"直播专家系统"。他们的加入，让"村超"直播效果实现了跃升。

另外，居住在榕江各个村落的非遗传承人，他们是"文化专家"。在他们的努力下，"村超"现场呈现了一幕又一幕的非遗盛典。

由一个个专家团队组成的"专家系统"，为"村超"的策划、组织、传播提供了专业保障，使"村超"既能保持自己的"乡土气息"，具有文化黏性，又借鉴使用了许多现代元素，充满现代感、时尚感。

正是以专业的眼光和手段推动传统与现代的完美融合，才使"村超"能够产生较强的情绪价值，为社会呈现一个与众不同的"村超"，有效地吸引了眼球，抓住了大众。

3. "村超"背后的有为政府

在国家话语体系里，有为政府与有效市场往往是同时出现的。从新结构经济学的角度理解，当市场失灵时，政府要及时补位，积极作为，弥补市场的失灵，实现市场有效。"村超"背后的有为政府，主要是指政府从组织策划、规划布局、赛事运行等角度为"村超"提供全过程、全体系的服务保障。如果没有政府的积极作为，"村超"出圈是一件不可想象的事。

据欧阳章伟介绍，他受到杨亚江校长微信朋友圈内容的启发后，与王永杰讨论认为："通过足球系统性策划打造城市IP，一定能行。"第二天一早，他们便将所讨论的内容汇报给了县领导，领导听后的回复是："这路子对了！这与我来榕江、要给榕江打造城市品牌闯新路的思路高度契合，这个思路也弥补了我们前面五次尝试的不足。"这说明县领导一直是有"要打造城市IP"这个想法的。具体怎样做，县领导给出了许多建议，如：要运用品牌策划能力和新媒体传播运营经验，进行融合式创新，足球运动要融入浓厚的民族文化、淳朴的民风、特色的美食；要最大范围发动榕江人民打造一个全民IP；要集中打造"超级星期六"品牌；等等。这些都成为"村超"后来发展的主要特点和魅力所在。

"村超"火爆后，榕江县委、县政府多次召开常委会、常务会和专题会对"村超"安保工作进行全面系统安排。成立"村超"工作领导小

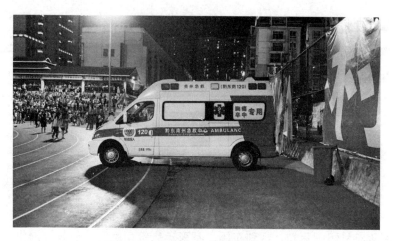

"村超"现场的急救车（周光胜 摄）

组，加强对"村超"赛事总体部署和统筹协调；启动"村超"应急指挥部，建立现场安保、交通保障、应急处置、舆情管控、信访维稳等 10 个工作组，对各类赛事可能存在的风险隐患进行梳理、评估、研判和处置，及时充实应急后备力量，确保"村超"赛事既出彩又安全。

球迷正在过安检进入球场（周光胜 摄）

三、"村超"为什么是对的

1. "村超"是时代所需

中共十一届六中全会指出,我国社会的主要矛盾是人民日益增长的物质文化需要同落后的社会生产之间的矛盾。一直到党的十九大召开,我国社会主要矛盾都没有变化。这一主要矛盾也决定了国家的根本任务是"集中力量发展生产力",以满足"人民日益增长的物质文化需要"。

党的十九大对我国社会主要矛盾进行了新的研判,指出"中国特色社会主义进入新时代,我国社会主要矛盾已经转化为人民日益增长的美好生活需要和不平衡不充分的发展之间的矛盾"。从需求方的角度说,人民的"需要"已从"日益增长的物质文化需要"转化为"日益增长的美好生活需要"。

"日益增长的美好生活需要"体现在两个层面。一个是基本生活和发展需要满足层面。需要有"更好的教育、更稳定的工作、更满意的收入、更可靠的社会保障、更高水平的医疗卫生服务、更舒适的居住条件、更优美的环境,期盼孩子们能成长得更好、工作得更好、生活得更好"。另一个是精神生活满足层面。当人们解决了物质需要后,精神需要的满足就成为摆在人面前的一个现实需求。"物质需求是第一位的,吃上饭是最主要的,所以说'民以食为天'。但是,这并不是说人民对精神文化生活的需求就是可有可无的,人类社会与动物界的最大区别就是人是有精神需求的,人民对精神文化生活的需求时时刻刻都存在。"①也正如马克思指出的那样，人们在满足了"吃、喝、住、穿"等物质需要后，就会产生"从事政治、科学、艺术、宗教"等精神文化生活及其他较高层次的需要。

从供给端看，存在"不平衡不充分的发展"的问题。不平衡的表现之一便是物质生活与精神生活之间的不平衡。"随着市场经济体制改革进程的推进……集体归属感相应淡化，个体在自由度增加的同时得经受个体性增强带来的孤独感，因为可能要独自面对陌生而冷清的工作环境和冷漠的人际关系，面对市场竞争中的职场'内卷'和随时可能失业带来的烦躁情绪等，这些都对生活在社会底层的芸芸众生造成了巨大的精神压力。"②在此背景下，找乐子、减压力，成为现代人的迫切需要。

而"村超"正好能迎合人们"找乐子"的需要。"村超"的快乐来自足球的纯粹，这里没有黑哨、没有假摔……球队重在参与，输赢没有关系；这里有纯洁的体育精神，努力拼抢，不断创造精彩瞬间；这里有精彩的民族文化展演，"最炫民族风"总能刷新你的认知，提升你的文化自信；这里还会不时空降足球明星、歌星，给你惊喜；这里还有烟花秀、各类美食……

"村超"带来的快乐，游客感受最直接。"场上的氛围真的是没得说。没有一个环节是让你失望的。球场上的技术我看不懂，只是图个热闹。场下的氛围，我觉得就是一种狂欢。一会儿一个高潮，一会儿一个高潮。当范志毅带着青海的格萨尔王球队进入运动场，瞬间有运动场要爆炸的感觉。'村超'联队和格萨尔王队的对决，作为伪球迷，我就是

---

① 习近平：《习近平谈治国理政》（第二卷），外文出版社，2017，第315页。
② 曹泳鑫、马蕾：《现代化普遍缺失精神文化的无解之困》，《毛泽东邓小平理论研究》
2023年第3期。

看个热闹，球场上的精彩瞬间，依然让我激动得吼破了喉咙。 最感动的就是周围所有人的脸上都是洋溢着发自内心的微笑。""果然最打动人的不是景，不是美食，而是人间烟火气。 来看一次'村超'，让我感受到了榕江县基层村干的热情；感受到了淳朴农民的热情、勤劳、好客、善良，记住了榕江这个地方。""在这里感受到一种人人为我、我为人人、其乐融融的和谐感觉，一座热情的城，一群热情的人！"

"村超"制造的所有快乐和感动，再通过新媒体传播、放大，不断扩散着情绪价值，带给观众快乐，回应着时代需要。

2. "村超"是榕江所能

榕江历史悠久、底蕴深厚。 这里民族文化多彩、旅游资源丰富，被誉为"中国民间文化艺术之乡""文化千岛"。"大节三六九，小节天天有"，这是对榕江节日氛围的真实描述；榕江的特色美食让人流连忘返，榕江被誉为"人间烟火气·云贵小江南"。

一方面，浓郁的民族文化为"村超"舞台上的民族非遗文化展演奠定了文化基础，这是"村超"精彩和出圈的关键。 另一方面，民族文化为"村超"的有序开展及过程中可能发生的矛盾调解提供了"地方性知识"支撑。 据榕江县政协办公室的石庆伟分析，侗族的款①和苗族的议榔②具有异曲同工之效，共同铸就了苗侗儿女良好的道德风尚，其

---

① 款，有两层含义，一是条款或规章，二是以地域为纽带的村与村、寨与寨的联盟组织，是侗族社会的基层群众自治体系，以款首组织召开款众大会，念唱款词、款条的方式，教育村民管理村寨。
② 议榔，苗语称为"构榔"，是苗族地区不同宗的家族组成的地域性村寨组织，是一种民间议事会组织。 议榔每隔几年召集一次会议，制定新的榔规。 议榔组织对内维护社会秩序，管理生产劳动，调解民间纠纷等。

中，重义轻利、荣誉至上、讲究信用、与人为善等道德风尚最为突出。这一良好道德风尚的传承在"村超"现场得以充分彰显。足球队员们以友谊第一、比赛第二的心态参加比赛，他们尊重规则、尊重裁判、尊重对手。"村超"比赛已进行 40 多场，从未出现争吵或肢体冲突，足球场上那份团结拼搏、亲和向善，是这一方山水千百年来的人文积淀，快乐足球理念在这里表现得淋漓尽致。

除了民族文化浓郁，这里还是体育之乡。榕江先后荣获全国县域足球典型、全民运动健身模范县、贵州体操之乡、贵州省体育旅游示范县、贵州省体教融合试点县等称号。据 1999 年出版的《榕江县志》记载，抗日战争时期，广西大学迁入榕江，将足球运动传入榕江。大学生们在学校围墙内踢足球、打篮球、打乒乓球，围墙外是好奇张望的当地百姓。

广西大学于 1945 年 11 月迁回广西，国立贵州师范学校于 1949 年底停办，但足球运动在榕江落地生根、开花结果。此后几十年，榕江民间一直开展形式多样的足球比赛，校园足球运动发展成绩尤为突出。1971 年后，足球运动在榕江县机关、企事业单位和街道有所发展，后又在乡村逐渐发展并流行开来。

《榕江县体育志（第二部）》记载："一九九〇年元月由县体委主办的'榕城杯'足球赛，16 支代表队 294 名运动员参加角逐。观众达 4 万余人。""一九九一年一月，由体委主办的'迎春'乙级足球赛，县机关 9 支代表队参赛；街道有一街、二街、三街、七街和古州镇石灰厂村民委员会的足球代表队参赛。这次'迎春'乙级足球赛的组委会、裁判组、保安等工作人员达 35 人，运动员 266 人，观众达三万多人次。""一九九二年一月至二月古州镇举办'迎春'足球赛，街道 6 支代表队、村委会 10 支代表队参加角逐，运动员、工作人员达 288 人，共经历 13 天 44 场比赛，观众高达 9 万人次。""2006 年的民族传统佳节，在车江河沙坝（简易足球场）上，举办了别开生面的'新城杯足球赛'，16 支队伍参赛，是我具有史以来农村足球赛具有一定规模的一次。 比赛分三个阶段进行，历经 9 天 32 场角逐，二村、四村、新王朝队分别获得一、二、三名，妹寨、六村、七村荣获体育道德风尚奖。观众共达 2.5 万余人次。"

2021 年 5 月，国家体育总局将榕江评为首批全国县域足球典型。榕江现有国家一级足球运动员 20 人，国家二级足球运动员 147 人，在榕江县足协注册的足球队达 35 支，球员 1200 余人。

榕江浓郁的民族文化及民族文化蕴含的体育精神是"村超"的文化基因。 浓厚的足球氛围和扎实的足球人才团队，是"村超"能够办起来的关键。 办"村超"，是榕江所能，是榕江的强项。

3."村超"是民众所愿

《淮南子·氾论训》中有言："治国有常，而利民为本"。"利民"的前提是符合民之所愿。 如果所办之事不是群众所期待、所愿意的，就会遭到群众反对，就不会取得成功。 反之，"凡是符合最大多数人的根本利益，受到广大人民拥护的事情，不论前进的道路上还有多少困难，一定会得到成功"。[1] 因此，要紧密结合人民群众的愿望和期待，站在全局的高度和人民的立场思考问题、解决问题。"在中国社会主义制度下，有事好商量，众人的事情由众人商量，找到全社会意愿和要求

---

① 邓小平：《在中国共产党全国代表会议上的讲话》（1985 年 9 月 23 日），载《邓小平文选》（第三卷），人民出版社，1993，第 142 页。

的最大公约数，是人民民主的真谛。"①

榕江人民对举办"村超"的愿望，是源于其对足球根深蒂固的热爱。中共榕江县委组织部潘邵平在《村超，不止于运动》一文里有这样的描述：

> 在榕江县古州镇车江口寨社区，94 岁高龄的老奶奶杨留香得知村里的孩子们在参加"村超"联赛后，主动向球队捐赠 50 元。
>
> "孩子们在那边（球场）要喝水，要吃东西，自己也没多少钱，有多少就捐多少。"杨留香老人说。
>
> 车江侗寨有着悠久浓厚的足球历史和氛围，老人是土生土长的车江侗族妇女。她不懂足球，却喜欢足球，她见证了这个侗寨一代代年轻人对足球的热爱和执着。
>
> 杨留香一家人都喜欢足球，其孙子在贵阳读大学，每次放假回家，都要与村里"球友"一起踢球。近期每到周末，其儿媳都要参加村内足球啦啦队，去现场为球队加油助威。老人因已是高龄，身体不便，只能偶尔亲临现场为村里的球队加油，不能去时家人便找网上直播视频给老人在家观看。

"如果'村超'客流量暴涨，外来游客入住酒店难，可以免费引荐到我家来住，我全家在外务工，若不嫌弃，陋室三间，只有主卧一间有空调，有需要可以再装，因为热爱足球，更爱榕江，为'村超'助力，

---

① 《习近平在庆祝中国人民政治协商会议成立65周年大会上的讲话》，新华社，https://www.gov.cn/guowuyuan/2014-09/21/content_2753721.htm。

为榕江加油!"易地扶贫搬迁群众潘明在微信群里这样表达着对足球的热爱和对"村超"的支持。

因为热爱,所以群众愿意参与。 各市场主体经营的各类食品、商品没有涨价,他们拿出最大的诚意去招待远道而来的游客;出租车司机不绕路、不涨价,甚至组织到高铁站免费接送游客,做到热情服务;小学生自发捡观景台的垃圾;各村啦啦队自发拿出各具特色的美食免费供现场观众品尝……群众都在从各自的角度维护着榕江形象,共同聚力把"村超"办好。"本地民众对足球的喜爱,才是'村超'能够火爆的最大基本盘。"①

群众所愿,还在于"村超"为老百姓带来实实在在的收益。 有的牛瘪店从一天卖1头牛的量到一天卖6头牛的量,全县床位数从5000多个增长到10000多个,小摊小贩一天都能赚好几千块钱……有品牌就有流量,有流量就有活力和信心,有信心大家才敢放心消费,才敢投资未来。 榕江人民享受到了实实在在的"村超福利",因此愿意支持"村超",参与"村超"。

四、向"村超"学什么

1. 要善于把握势

古语云:"不谋全局者,不足以谋一域;不谋万世者,不足以谋一时。"具体到一个县,谋划县域的发展,要考虑全局,重点是要能把握时代大势,把县域发展与时代大势结合起来,根据时代大势确定县域发

---

① 王永杰在接受采访时的分析。 见陈海翔《不负热爱方有所得,村超爆红的背后是榕江人对足球的纯粹之爱》,《文汇报》2024年7月1日。

展思路和发展目标。

　　迈克尔·塞勒（Michael Saylor）在其著作《移动浪潮：移动智能如何改变世界》中指出："移动技术和社交网络的合力将在未来 10 年提升全球 50% 的国内生产总值。 它们的影响力将不断增强，并将最终改变商业、工业以及整个经济。"①中国是移动技术和社交网络运用大国。 2023 年 8 月 28 日发布的第 52 次《中国互联网络发展状况统计报告》显示，截至 2023 年 6 月，我国网民达 10.79 亿人，中国超 3/4 人口"触网"。 工业和信息化部运行监测协调局发布的《2023 年通信业统计公报》显示：2023 年，我国移动电话用户总数为 17.27 亿户，全年净增 4315 万户，普及率为 122.5 部/百人，比上年末提高 3.3 部/百人。 移动互联网接入流量达 3015 亿 GB，比上年增长 15.2%。 截至 2023 年底，移动互联网用户达 15.17 亿户，全年净增 6316 万户。 全年移动互联网月户均流量（DOU）达 16.85GB，比上年增长 10.9%。②

　　工业和信息化部工业经济研究所所长于佳宁指出："流量本身是数据和信息，但其承载的内容不只如此，还包括社会价值。 中国已全面步入'流量社会'。"③

　　有学者分析认为，流量社会是以数据流量为标准，以注意力捕获为手段，通过参与式文化和体验式消费将每个人转化为集信息生产和信息消费于一身的社会类型。 流量社会的核心资源是"注意力"，其基本

① 〔美〕迈克尔·塞勒：《移动浪潮：移动智能如何改变世界》，邹韬译，中信出版社，2013。
② 工业和信息化部运行监测协调局：《2023 年通信业统计公报》，《工信微报》2024 年 1 月 24 日。
③ 高亢、刘羊旸、刘硕：《百亿 G 汪洋大海 中国全面步入"流量社会"》，新华社，https://www.gov.cn/xinwen/2017-08/08/content_5216709.htm。

组织形式不再是科层制，而是基于流量数据的"名人体制"，即将注意力作为稀缺资源，收益呈递增态势：你越有名，就越有价值，随之吸引更多的注意力。[①] 流量社会带来了生产方式和消费方式的变革，谁抢占流量风口，谁就能狄得"注意力"这一核心资源，也就能集聚其他生产要素。

欧阳章伟回忆与榕江县领导初识时的一些交流场景，从他的描述来看，榕江县领导对当前社会的前沿趋势、对如何把握时代大势推动县域经济发展，是有着比较清晰的认识的。

他是这样描述的：

　　2021年底，听身边不少人说榕江从深圳调来了一位县领导，特别重视新媒体电商发展。在贵州一个小县城有人提出发展新媒体产业，我还是第一次听说。这是怎样一个领导呢？我颇感好奇。

　　后来一起从事电商行业的朋友把我拉进了一个榕江县新媒体电商发展的微信群，我发现这位县领导就在群里。每天他都会在群里分享他对榕江发展新媒体产业的思考，并和大家一起讨论。在沟通中我们很多想法不谋而合，我主动加了他的微信。就这样通过微信加好友认识了。受邀请，我去了一趟榕江，当面和他谈了一个多小时。就是这一个多小时，让我为之一振——这是我目前见过的对新媒体发展认知最为透彻的党政领导。

在遇到欧阳章伟之前，榕江县就提出了"让手机变成新农具、让数

---

① 刘威、王碧晨：《流量社会：一种新的社会结构形态》，《浙江社会科学》2021年第8期。

据变成新农资、让直播变成新农活"的发展思路，谋划要大力发展新媒体产业。

通过新媒体赋能，榕江相关产业取得较大成功。据统计，2022 年榕江县网络零售额增长 30.4%，农产品网络零售额增长 96.44%，排全省第 10 位；网络零售额从 2016 年的 58.6 万元，增加到 2022 年的 6101 万元，增长了 100 多倍。榕江新媒体产业园被评为贵州省首批电子商务直播示范基地、贵州省创业孵化示范园。截至 2023 年 7 月，新媒体助力乡村振兴线上线下销售额超 4 亿元。

榕江尝到了新媒体的甜头。这是在把握时代大势基础上对县域发展思路科学谋划而得的回报。

紧接着，榕江想到要通过新媒体打造一个县域 IP 品牌。通过努力，终于把"村超"做成拥有 800 多亿流量的超级网红，吸引了全世界的"注意力"，拥有了流量社会的核心资源。于是，各种生产要素开始在榕江汇集，各大知名企业开始关注榕江，准备投资榕江。榕江与外界开启了"双向奔赴"，榕江与大湾区开启了"双向融入"。

另外，满足精神文化需求是当今时代之"势"。而"村超"所遵循的"快乐足球"原则，能够为大家制造快乐、带来快乐，因而被大众认可和接受。

2. 要善于调动人

"盖有非常之功，必待非常之人"，人是所有事业成功最关键的因素。马克思认为，人是社会实践的主体，既被现实社会塑造，又在推动社会进步中实现自身发展。建设什么样的社会、实现什么样的目标，人是决定性因素。

"村超"的成功，根本在于调动了人这一关键因素。

首先是把人才聚起来。 榕江为了使新媒体更好赋能乡村振兴，创建"贵州·榕江新媒体助力乡村振兴产业园"，引进贵州山呷呷、北京家乡来客等 40 余家实力企业以及经营管理人才入驻园区。 贵州山呷呷公司的总裁欧阳章伟是玩新媒体的行家，他到榕江后，提出立足榕江资源禀赋，通过新媒体引爆乡村旅游，"无中生有"，以"内容+产业"的模式打造一个样板。 欧阳章伟打造的小丹江苗寨，在短短三个月时间，就从一个默默无闻的村寨变成在抖音上有 5000 万网友关注的网红点，成为抖音旅游黔东南好评榜第一名，并登上了黔东南旅游收藏榜第二名，而第一名是西江千户苗寨，第三名是镇远古城，它们都是老牌景区。

通过欧阳章伟的引荐，王永杰的加入对榕江新媒体事业而言更是如虎添翼。 王永杰回忆到榕江的经过时是这样描述的：

转眼来到 2022 年，我从新闻上看到榕江县举全县之力发展新媒体产业，提出"让手机变成新农具、让数据变成新农资、让直播变成新农活"的发展思路。我被深深吸引，我认为这就是我最想干的事。说巧不巧，正当这个时候，榕江县也在四处寻找具有新媒体思维的人才。经过欧阳章伟引荐，我认识了榕江县领导。我依然很清晰地记得，见面那天到达榕江已经天黑，在榕江县政府大院的一棵大榕树下摆有一张喝茶的桌子和四把椅子，远远地看过去，县领导早已在此等候。一见面县领导便问我有什么想法，我花了十分钟阐述了我对新媒体产业发展的见解，没等我说完，县领导便抢先说道："哎呀，你说的这些就是我们要干的事啊，来榕江吧，我们好好大干一场。"这是我这么多年的想法被县级主管领导认可最直接的一次，顿时心里升起一股暖流。"士为知己者死"这句话在心里默然升起。

后来的实践也证明，欧阳章伟和王永杰为榕江的新媒体事业、为"村超"的火爆出圈立下了汗马功劳。"村超"出圈后，产生了"聚宝盆"效应，善于策划的由守义来了，精于直播的彭西来了，水木年华成员、范志毅、贺炜等 217 名"大咖"会聚榕江，榕江把人才这一关键要素汇聚起来，调动起来。

为了最大限度调动人，榕江县分别开展了三次全县范围内的思想解放大讨论活动。通过三次思想解放大讨论活动，宣传了"村超"，统一了思想，凝聚了力量，使"村超"的磁场效应更加强，把榕江人民的积极性、创造性充分地调动了起来。

3. 要善于布好局

地方政府是国家治理体系和治理能力现代化建设的关键一环，区域发展成效与地方政府治理能力密切相关。榕江县之所以能够打造出"村超"这样的品牌，并用"村超"品牌来撬动县域经济的发展，其重要原因就在于当地政府敢于主动打破落后地区县域经济发展的"路径依赖"困境，不再以传统的方式——要么想尽办法招商引资，要么向上要钱要政策——发展经济，而是以开阔的视野、长远的眼光和敏锐的洞察力去探索新的发展路径，即通过挖掘榕江资源禀赋，按照"乐子探路子，路子强乐子"的思路，做快乐"村超"，把快乐"村超"打造成县域 IP 品牌，以品牌提升榕江知名度和影响力，以品牌汇聚发展要素资源，进而推动经济发展，实现县域现代化。

榕江县在打造"村超"这一县域 IP 的过程中，始终都在注意系统布局。

"村超"开始之前，榕江对全县新媒体产业进行布局，探路以新媒体产业赋能乡村振兴。此后，又围绕新媒体产业布局新媒体人才，于是有了欧阳章伟、王永杰等新媒体人才进入榕江。同时注重对新媒体人才的培养，衍生出 1000 余个活跃在一线的新媒体账号。这为"村超"的诞生及发展奠定了最扎实的基础。

"村超"火了，榕江紧锣密鼓地布局政府支持体系，成立综合协调机构，特别是加强对"村超"的安全保障，保证不出事，严守"村超"生命线。同步在"村超"球场周边规划摊位，免费提供给群众经营，既服务了观众，又发展了经济。

"村超"火了，榕江系统谋划了"村超"的"三步走"战略，使"村超"的路子既符合当前实际，又着眼未来发展。循序渐进，不断做大"村超"舞台，扩大朋友圈、提升影响力。

一路走来，"村超"的每一步都谋划得当，局布得好；每一步都走得很稳，都踩在点上。所以，"村超"一直走到现在，还会走得更远。

五、"村超"的未来发展

1. 从定位看方位

榕江县领导提出："村超"就像一扇门，让世界看到榕江，让榕江走向世界……挖掘更多国内外草根球星，组建各年龄段的"村超战队"，总结并学习世界五大联赛及世界杯的发展经验和规律……采取非对称战略，走差异化发展之路，将榕江打造成全民足球文化之城和体育文化旅游目的地。①

一般将体育分为竞技体育、群众体育、娱乐体育、医疗体育几种类型。"村超"属于群众体育，其主体是"非职业球员"，其目标是"快乐足球"，这是"村超"的基本定位。根据这一定位，"村超"的方位就是采取"非对称战略"，走与竞技体育（比如五大联赛）不同的发展之路，把群众体育做到极致，把快乐足球做到极致。做群众体育的组织者和引领者，搭建群众体育平台，打造群众体育品牌。

为此，"村超"不仅要让榕江人玩好，更要让全国人民甚至世界人民来榕江一起玩好。要达到这一目的，一要解决"接得住"的问题，二要解决"玩得好"的问题。而这些问题同时也是产业问题、经济问题。

解决"接得住"的问题，首先要加快各类足球场馆建设。要以群众身边的足球场地为建设重点，以方便城乡居民就近参与足球运动为目的，从硬件入手，进一步提高足球设施配套水平，为群众体育、群众足球提供基础设施保障。加快推进榕江三宝侗寨"村超"文化足球小镇、"村超"足球场周边城市综合体、"村超"非遗一条街、少儿足球培训基地、体育用品装备制造产业、低海拔足球训练基地等一批项目的招商引资和开工建设。在乡镇、村寨（社区）和景区景点周边建设更多五人制、七人制足球场，增强游客和居民参与足球运动的方便性和即得性，打造"足球+景区"旅游综合体，以足球为媒，带动景区景点和村寨发展。

其次，要做好吃住行各类配套服务。加快增设公共停车场，优化县城交通标识标牌，规范整治污水管网、排水防涝、电网线，进一步完

① 材料由榕江县人民政府办公室提供。

善城市基础设施体系。打造榕江旅游集散服务中心,合理筹建乡镇"村超"游客服务站,为游客提供周密细致的一站式服务。采取联名、授权、冠名等方式,引进市场主体投资发展品质酒店、房车营地、露营基地。加强规划,在传统村落、景区景点布局各层次民宿,打造民宿品牌,把榕江建设成为粤港澳大湾区的休憩后花园。对各类美食街区进行提质改造,融入足球文化、民族文化,建设具有一流环境、浓郁文化、优质服务的美食文化街区。用好国家铁路局帮扶机遇,增加榕江高铁站列车停靠班次和票额,加快县域内国道和乡村旅游公路提升改造,协助兄弟县市围绕"村超"开通旅游线路。鼓励和引进旅行社、旅游车队等主体,增加租车、景区直通车、摆渡车等服务,优化景区道路和停车场建设。

再次,要做好赛事配套相关服务。随着"村超"赛事活动的增加,需要大量的裁判员、解说员等专业人才保障。要加强足球专业人才培养和人才团队建设,满足"村超"裁判、解说、教练等人才需求,保障"村超"赛事规范、有序进行。加强"村超"现场医疗应急队伍建设,加大榕江人民医院脚踝扭伤、骨伤、软组织挫伤等常见伤处置能力建设力度,引进建设足球类专业医疗服务机构,引入主治医生、康复师、营养师、心理咨询师等专业人才,为"村超"提供专业的医疗服务保障。引进保险业务为"村超"球员提供符合需要的商业保险,解除球员可能受伤的后顾之忧。

解决"玩得好"的问题,首先要做好线路产品设计。依托榕江民族非遗、生态农业、自然景观、传统美食、生态康养等资源,拓展设计"村超+"旅游研学线路产品。打造"村超"+非遗研学路线、"村超"+农业观光采摘体验路线、"村超"+自然景观路线、"村超"+美食体验路线、"村超"+生态康养路线等精品旅游路线，回答好"看完球赛看什么"的问题。

其次，要培育旅游市场主体。推动"村超"品牌运营管理公司市场化、实体化运行，做好贵州"村超"品牌保护和运营管理，将品牌优势转化成发展优势。催生更多经营主体进入旅游市场，实现由旅游市场主体组织游客去玩、带着游客去玩，帮助游客玩好。

再次，要提升旅游保障能力。持续深入推进文化旅游市场整治行动，重点整治"不合理低价游"、强迫诱导购物等违法行为，依法查处文化娱乐场所违法违规经营行为，强化文体旅企业和从业人员守法经营、规范执业。聚焦民宿、酒店、讲解、餐饮、交通等文旅从业人员开展服务质量技能培训，开展名讲解员、名厨师、名工匠等技能大比武以及旅游文明大使评选活动，营造良好的旅游氛围。

最后，要牢牢守住安全底线。要守牢政治和舆论安全、做好"村超"现场安全和社会面管控、强化全域交通安全。深入开展文体旅行业安全隐患大排查大整治，强化消防设施器材管理和宣传教育培训演练，增强应急救援力量建设，增强防范意识，保障游客生命财产安全。

2. 宁缓走不急进

习近平总书记指出："必须在把情况搞清楚的基础上，统筹兼顾、综合平衡，突出重点、带动全局，有的时候要抓大放小、以大兼小，有的时候又要以小带大、小中见大，形象地说，就是要十个指头弹钢琴。"[①]领导一个国家是这样，领导好一个县也如此。要进一步办好

---

① 转引自吴储岐《学会"十个指头弹钢琴"》，《人民日报》2022年5月17日，第19版。

"村超",让"村超"持续火爆,同样要学会"十个指头弹钢琴"。

"十个指头弹钢琴",其基础是"把情况搞清楚",对事情的发展变化做到心中有数。"实践告诉我们,发展是一个不断变化的进程,发展环境不会一成不变,发展条件不会一成不变,发展理念自然也不会一成不变。"①对"村超"而言,要根据不断发展变化的外部条件、"村超"所处的发展阶段、民众不断变化的期盼和需要等进行综合研判,才能拿出科学应对措施和发展方案。 这是一个需要时间积累的过程,因此在总体步调上应坚持"宁缓走不急进"的原则。

"十个指头弹钢琴",要处理好轻重缓急,才能弹出美妙的音符。"村超"的进一步发展,也要把握好"轻重缓急",特别是要清醒地认识"缓"的问题。 以"村超"的国际化为例,就榕江目前的条件而言,无论在球场设施条件、食宿条件、国际交流的人才保障等方面,都还存在明显短板。 如果急于推进国际化,是容易出现问题的。 在此方面宁缓走不急进。

"十个指头弹钢琴",要善于统筹兼顾。 做"村超"及发展"超经济",是一个系统工程,甚至每一个方面都是一个庞杂的系统,涉及整个县域的方方面面。 因此特别要注意统筹兼顾。 首先,要统筹兼顾"村超"与其他工作的关系。 榕江的工作不仅仅有"村超",还有其他大量的常规工作。 但由于要办"村超",要把"村超"办好,可能就会在"村超"方面投入大量的人力财力而影响其他方面工作的开展。其次,要统筹兼顾"村超"内部各系统的工作。"村超"的硬件设施建设、人才团队保障、后勤安全保障、发展规划保障、宣传推广保障等,

---

① 习近平:《在党的十八届五中全会第二次全体会议上的讲话》,《求是》2016年第1期。

都需要统筹兼顾，系统推进。 最后，要统筹兼顾"超经济"相关要素保障间的关系。 要素保障、规划布局、资源挖掘等，都需要系统谋划。 故此，"村超"宁缓走不急进，坚持长期主义，保持稳健的发展步伐，逐步发挥更好的效益，确保每一步发展都有坚实的基础，做到稳中求进，避免过度扩张导致的风险。

3. 用品质保品牌

榕江目前面临着一个普遍的担忧："村超"已经持续火了 2 年，万一有一天不火了，没人关注了，怎么办？ 在这样的担忧下，榕江上下总想围绕"村超"不断制造新的热点和话题，以吸引外界的关注，保持"村超"热度。 这样做容易陷入一个传播悖论，即因为想保持关注度，就要不断"制造"传播内容，但被"制造"的传播内容可能引致受众反感而不再关注。

如何保住"村超"品牌，还得回归内容建设，遵循"内容为王"原则，用品质保品牌。

用品质保品牌，要做好足球本身。 核心要加强球队建设和明星球员培养，让"村超"球场不断上演精彩。 要加强年轻球员培养，使"村超"后继有人。 要建好平台、营造氛围、做好服务，让榕江形成乡村足球的强大磁场，吸引各地足球爱好者到榕江踢球，各种足球要素在榕江汇集。"村超"已是榕江标识性的 IP，继续把足球本身做好，是榕江获得持久竞争力和关注度的关键。

用品质保品牌，要保持"村超"的文化黏性。"村超"之所以被大众接受、认可，其根本原因就在于其始终贴近大地、贴近受众，始终坚持公益性、本土性和参与性的原则。"村超"必须继续坚持公益性、本土性和参与性，保持活动的文化黏性，以加强"村超"各参与主体、"村超"与外界消费者之间的文化联结。 保持文化黏性，还要继续发挥好农民的主体性作用。 在民众的参与过程中，要注意照顾参与者、贡献者的利益诉求，"短期靠情怀，长期靠利益"，对参与者特别是有贡献者的利益保护与激励很重要。 保持文化黏性，还要继续深挖民族文化资源，让文化与"村超"继续融合，生发出更精彩的化学反应。

用品质保品牌，不能滥用"村超"品牌。 品牌的价值在于其独特的公信力和号召力，对于已授权的"村超"品牌，要加强品质监管，保证产品质量，维护品牌公信力。 同时不能滥授品牌，"村超"品牌的授权，一定要与"村超"高度相关。"村超"是一项体育赛事，与运动有关的产品比较适合使用"村超"品牌。 反之则不然。 比如，已授权命名的"村超板材"，就有些牵强，毕竟板材与"村超"的关联度不高。除了"村超"，"榕江"也可以是一个知名品牌。 就像"茅台"，其所在地"仁怀"也成酱香型白酒的代名词，围绕"仁怀"二字命名的白酒品牌不在少数。 对于榕江的特色产品，可用"榕江"品牌进行命名。如"榕江板材""榕江香瓜"等，这样，就没有违和感。

4. 宠游客也宠商人

"宠游客"是"村超"的热词。 正是因为"村超"对游客的宠，建立起了游客与"村超"的情感链接，增进了游客对"村超"的认可。这是"村超"持续火爆的原因之一。

"村超"火爆之后发展"超经济"，就要做好"宠商人"，其实质就是要构建亲清政商关系。

"宠商人"，要做勇于创新的规则"设计师"。 加大简政放权力度，减少权力对市场的干预，自觉坚守政府与市场的边界，为营造亲清政商关系提供总体性的规则保障。 要经常性开展政策法规落实情况、政务窗口服务质量、政府守信情况、政府涉企服务效能等的评估督查和问题整治，构建一流营商环境。 积极探索适合榕江实际的"微制度创新"，统筹相关部门联合出台《榕江县政商关系行为守则》《榕江县政商交往若干具体问题行为指引》等具体制度，列出针对公职人员、企业人员的具有可操作性、可衔接性的负面清单，为构建亲清政商关系提供制度化、理论化、系统化的工作方法。 进一步发挥"互联网+"的技术优势，推进互联网+政务服务，压缩政商关系人格化交往的空间，实现政商关系既"亲"又"清"。 建立健全党政领导与重点企业的结对联系机制、党委政府主要领导和分管领导与企业家座谈沟通机制、政府有关部门和司法部门与企业对接服务机制，以及统战部门、工商联与企业和商会经常性联系机制，为企业解决实实在在的问题。

"宠商人"，要做业务精通的企业"经纪人"。 要切实做到像尊重教育家一样尊重实业家，像尊重科学家一样尊重企业家。 要求政府工作人员在投资者面前"弯下腰"甘当"店小二"。 尊重企业家与做好"店小二"，这只是一个方面；要构建更高层次的亲清政商关系，政府还必须做业务精通的企业"经纪人"。 构建优惠政策推送机制，做优惠政策"经纪人"。 在实践中，由于对涉企优惠政策了解不够、掌握不全面，许多企业难以充分享受政策优惠。 因此，应针对企业实际构建优惠政策推送机制，变被动接受企业申请为主动提醒企业申请，做企业经营的优惠政策"经纪人"。 构建产业营销推广机制，做企业发展"经纪人"。 主要是在市场拓展层面，要做产业营销和企业品牌推广专家，要精准对接相关专业机构，为企业发展提供强大的技术支持。

构建社会价值实现机制,做企业政治"经纪人"。进一步增进政商之间的沟通,开辟更多渠道让民营企业家有效参政。鼓励民营企业,特别是小微民营企业建立自己的组织,让他们在相互帮助的同时,更好地参政议政。

"宠商人",要做客观公正的实践"裁判员"。影响亲清政商关系的原因之一是行政管理人员还比较习惯计划经济的那一套管理办法,缺乏市场经济的管理理念和管理本领,推进工作容易一刀切。当好"裁判员",要客观容错纠错。容错纠错机制是敢于创新的前提。应在严格贯彻党政有关文件精神的基础上,明确容错情形、容错受理审议机制和容错免责认定机制,突出解决当前政商交往中党政干部不敢作为、不敢担当的问题。当好"裁判员",要做好考核评价。应吸取国际上关于营商环境评价的先进做法,从主体、制度和行为等几个维度建立健康政商关系评估指标体系,同时发挥中立性的第三方评估机构在建立新型政商关系中的作用,适时对外公布政商关系健康指数,并发挥好评估结果的倒逼作用。当好"裁判员",要建立诚信政府。自己诚信是裁判别人的前提。应广泛开展政府失信违约专项清理整治,建立政府信用评级制度和政府失信违约监督体系,将守信践诺纳入官员考核体系,对造成政府失信违约的主要负责人和工作人员依法依规追究责任。建立"营商环境义务监督员"队伍,鼓励每一位监督员敢于"揭短",善于"挑刺",大胆检举影响营商环境的违法违规行为,做好营商环境工作的宣传推广,充分表达群众和企业诉求,真正发挥好群众与政府间的桥梁纽带作用,共同助力榕江打造国际化、法治化、便利化的营商环境。

"宠商人",要做勤政务实的问题"解决者"。政商关系如果仅仅停留在沟通层面而不解决实际问题,也会严重影响亲清政商关系的构建。 实践中，泛化沟通平台（座谈会、论坛等）多，而真正为企业（特别是民营企业）解决切实问题的服务型、工具型平台少。 为此，政府应积极搭建为企业解决实际问题的服务型、工具型平台，做勤政务实的问题"解决者"。 要积极回应企业合理诉求。 党员干部既要清清爽爽用权，又要倾情倾力服务，主动关心、及时回应企业的合理诉求，保护企业的合法权益，切实为企业发展排忧解难、添薪续力，把市场主体活力更好释放出来。 应整合各涉企资源，搭建民营企业诉求直通平台，组建依法维护企业和企业家合法权益的跨部门联合工作机构，专门负责解决企业经营过程中面临的实际问题。 开展经常性入企走访调研，对所收集的问题进行跟踪化解落实，做到件件有着落、事事有回音、谁负责谁办理，着力解决企业发展中遇到的各类实际问题。

"村超"

附录

闯新路

"村超" 大事记

"村超"
闯新路

一、赛事及评价

2023年5月13日

贵州榕江（三宝侗寨）和美乡村足球超级联赛在城北新区体育馆举行开幕式，现场万余人观看开幕式表演和足球比赛。这次联赛由群众自发组织，参赛球队20支。联赛以火热的现场氛围和接地气的办赛风格迅速火爆全网，短短几天迅速得到社会各界关注，国家、省、市州等各大主流媒体争相报道。参照"英超""中超"等命名规则，将榕江乡村足球超级联赛形象地称为"村超"。

2023年6月2日

英格兰球星迈克尔·詹姆斯·欧文（Michael James Owen）录制视频为贵州"村超"送上祝福。他在视频中称赞贵州"村超"的热烈氛围，并希望赛事越办越好，祝福球员们取得好成绩。

2023年6月3日

中央电视台原体育播音员和解说员韩乔生受邀亲临"村超"现场担任解说员。韩乔生的到来助力贵州"村超"愈加火爆，视频信息冲上抖音热搜榜第一位。韩乔生认为，贵州"村超"虽然无法直接改变中国足球在国际舞台上的现状，但它能在基层中悄无声息地改善中国足球的土壤。他对贵州"村超"球员身份的多样性表示赞赏，指出参赛球员来自各行各业，接地气的球员身份让赛事更加贴近群众，增强了比赛的观赏性和互动性。他强调，通过贵州"村超"的宣传和影响力，能够激发更多小朋友对足球的兴趣，甚至促使他们在未来选择成为职业足球运动员。

2023年6月5日

中国外交部时任部长助理、发言人华春莹在推特上为贵州"村超"点赞："中国贵州省，20支村民队参与的'村超联赛'首场比赛已拉开帷幕，吸引数千观众到场观看。伟大的激情，伟大的比赛！"

2023年6月11日

香港艺人陈百祥首次公开视频喊话贵州"村超"，表示"听说最近贵州'村超'的足球好厉害，等一等，我带我的球队上来，跟你们拼一拼"。次日，"村超"球队表示热烈欢迎香港明星足球队到贵州"村超"现场。

2023年6月15日

香港艺人陈百祥再次发布视频，正式确认将带领香港明星足球队参赛贵州"村超"，"支持贵州，共享欢乐"。这标志着香港明星足球队与贵州"村超"联队的友谊赛正式进入筹备阶段。

2023年6月19日

中央电视台著名主持人白岩松在央视网发布视频谈贵州"村超"：火爆的同时该如何继续保留乡土气和乡村味。贵州"村超"接地气，不管是当地人还是外地游客，来看比赛都不要门票，带着小板凳就可以观看比赛。他个人希望足协当前不要过多干预贵州"村超"，让它自由生长一段时间。同时，他也强调了青训的重要性，认为如果真的想要助力"村超"与贵州足球，足协应该多关注校园足球，让专业教练来提供青训，为青少年足球特色学校的孩子提供更多公平公正被选拔进入国家队和各梯队的机会。白岩松的观点体现了对贵州"村超"这一民间足球赛事的认可和支持，同时也表达了对中国足球青训和未来发展的关注。他的言论在一定程度上也引发了社会对于足球文化和足球青训的广泛讨论。

2023年6月23日

中国足坛名宿范志毅受邀亲临"村超"现场。范志毅说："我今天是来助力的，作为我来说，我不是主角，主角是'村超'。得感谢'村超'，感谢球迷朋友们。"范志毅认为，贵州"村超"所展现的足球是纯粹的，贵州"村超"的成功源于大家对足球的热爱和广泛参与。他强调，足球应该回归其本质属性，即作为一项体育运动，应该带来强身健体和快乐。他赞赏贵州"村超"比赛中球员们踢得很开心，享受足球带来的乐趣，认为这是足球应有的状态。

2023年6月24日

贵州"村超"联队迎战由亚洲足球先生、中国国家队前队长范志毅带领的青海果洛藏族自治州格萨尔王足球队。 这场比赛吸引 5 万余人现场观看，线上各平台累计观看人数破千万人次。

2023年7月8日

贵州"村超"的第九个"超级星期六"，歌唱组合水木年华前来助阵，他们在现场演唱《一生有你》等多首经典歌曲，开展助力贵州"村超"公益活动。

2023年7月15日

中国著名体育评论员黄健翔抵达榕江，解说贵州"村超"女足赛，与热情的观众进行了互动。 黄健翔在评价贵州"村超"时，特别强调了其"民族风、乡土味、欢乐感"。 他认为，这场乡村足球赛事不仅展现了贵州独特的民族文化，还充满了浓郁的乡土气息和欢乐的氛围。 他还提到贵州"村超"的火爆让他看到了中国足球精神的回归，高度评价了贵州"村超"作为草根足球赛事的魅力。 他指出，参赛球员来自各行业，这种无门槛、无界限的参与方式，让足球成为一项真正的全民运动。

2023年7月29日

"村超"年度总决赛在榕江城北新区体育馆开赛。 对阵双方为车江一村队和忠诚村队，比赛开始后仅 17 秒，车江一村队便依靠一脚远射破门，取得梦幻开局，紧接着忠诚村队迅速做出回应，不到两分钟内扳平比分，双方球员攻防激烈，场面胶着，数万名观众到场为球员加油助威，现场氛围热烈。 最终车江一村队以 4∶3 赢得点球大战，夺得总冠军。 央视足球解说员贺炜现场解说了此次比赛。 他认为：贵州"村超"展现了浓厚的足球氛围，让足球回归其本质。 他提到，现代足球发源于英格兰，植根于社区和工人阶级，而中国"村超"也呈现类似的场景，足球成为人民群众喜闻乐见的健身方式，不仅锻炼了身体，还培养了团队意识，使参与者接受了挫折教育。 这种纯粹的足球氛围，让他深感足球的本质就是人民群众广泛参与和享受的运动。 贵州"村超"的观众参与度极高，现场氛围热烈，让他感受到了不输世界杯的足球魅力。 他甚至在解说时表示，自己上一次解说有这么多人的比赛还是在卡塔尔世界杯上，但现在在中国人自己的乡村足球联赛上也体现了这种热烈的氛围。 这种高度的参与感和体验感，让他对贵州"村超"的未来发展充满了期待。

2023年8月13日

南昌拌粉队对阵榕江卷粉队，打响全国美食足球友谊赛第一战，吸引无数球迷观看。 全国美食足球友谊赛首日全网直播观看破亿人次，抖音全国热榜第一。

2023年8月27日

知名足球运动员徐亮来到贵州"村超"。 徐亮亲自上阵，为喜欢足球的乡村小朋友们进行教学指导，让他们体验射门的快乐。 比赛期间，徐亮作为嘉宾现身赛场，为中场休息的互动小游戏射球示意，并对比赛进行了专业点评。 他认为，贵州"村超"的意义在于推动全民健身、增强全民体质，而非单纯的竞技较量，他认为到贵州"村超"的参与和体验是一次富有意义的足球之旅。

2023年9月2日

由贵州省人民政府、英国驻华大使馆、英国商业贸易部主办的"2023年服贸会·多彩之夜"在北京贵荟馆·贵京荟举办。活动以"贵州村超相遇英超"为主题，贵州"村超"与英超在服贸会签约。

2023年9月16日

"蓉城开江老火锅队"组织35名球员赶赴榕江，特别邀请四川全兴队前球员胡磊担任球队主教练，并在赛前进行精心的战术布置和动员。比赛现场，他们以5:2的比分战胜"贵州西秀酸汤队"。近200人的亲友团和由开江老乡组成的啦啦队，为球队摇旗呐喊、加油鼓劲。比赛现场穿插以"蜀都"为主题的巴蜀历史文化展演，开江籍歌手现场演唱，把家乡开江的美食和文化带到"村超"大舞台。

2023年10月14日

福建省三明市沙县区文体和旅游局在全区足球爱好者中选拔了7名队员，与南山婆（福建）沙县小吃供应链管理有限公司员工组成了一支35人的沙县小吃足球队，奔赴榕江参加全国美食足球友谊赛。这也是福建省第一支参加贵州"村超"的队伍。这支草根足球队与贵州贵定甜酒粑粑队展开精彩对决。沙县小吃足球队以4:1的比分战胜贵州贵定甜酒粑粑队。在比赛场外区域，设置沙县小吃美食展示区，并配套开展形式多样的民俗文化表演活动等，让现场观众在畅快看球之余，还能品尝到最正宗的福建沙县味道，了解沙县悠久的历史文化，进一步擦亮了沙县小吃的金字招牌，促进了两地的文化交流。

2023年10月14日

岭南凤梨队参加全国美食足球友谊赛。 这是贵州"村超"首次迎来中国台湾球员参加比赛。 比赛中岭南凤梨队与贵州刺梨队展开了激烈的角逐,双方球员奋力拼搏,比分最终定格为贵州刺梨队8:6战胜岭南凤梨队。 这场比赛不仅是一场足球竞技较量,更是一次文化与美食的交流盛会。 岭南凤梨队为现场观众带来了中国台湾高山族歌舞《高山青》《阿里山的姑娘》,现场观众欢呼"欢迎回家"。

2023年10月17日

榕江县作为贵州省唯一受邀县市,参加了国际智库合作委员会全体大会,榕江县代表在大会上分享了贵州"村超"的故事。 其间,还就如何进一步发挥贵州"村超"的平台优势、流量优势,以及未来如何邀请共建"一带一路"国家参与贵州"村超"赛事等问题进行了深入交流。

2023年10月28日

全国美食足球友谊赛收官。 新疆和田约特干故城烤全羊足球队以3:0战胜贵州余庆小叶苦丁茶足球队。

2023年11月11日

"多彩贵州"首届(县域)男子足球联赛(省级总决赛)在贵州省三都自治县民族体育竞技中心举行。 榕江县"村超"联队以3:1战胜遵义市红花岗足球队获得冠军。

2023年11月11日

经过多方努力，香港艺人谭咏麟和陈百祥等领衔的"香港明星足球队"对战贵州"榕江'村超'联队"的比赛在香港大球场举行，这是继6月之后，香港明星足球队与贵州"村超"的再次梦幻联动。赛事实况在凤凰卫视和 NEWTV 全球在线直播。最终香港明星足球队以 3:1 战胜"榕江'村超'联队"。香港特区政府文化体育及旅游局局长杨润雄、香港特区立法会议员霍启刚等到现场观赛。

2023年12月2日

贵州"村超"生态餐饮文化美食节暨"中国民族生态餐饮文化名城"授牌仪式在榕江县举行。此次活动，旨在展示榕江县独特的自然生态环境和丰富的民族饮食文化。

2023年12月8日

台湾宜兰高级中学足球队以 2:1 战胜榕江一中足球队。在中场休息时，表演了极具侗族风格特色的节目，场面精彩热烈。这场友谊赛不仅增进了两岸青年之间的友谊，也促进了两岸文化的交流传播。

2023年12月18日

榕江县组织由 9 名年龄不超过 12 岁的学生组成的"逐梦"榕江青少年女子足球队，前往西班牙首都马德里进行交流，学习西班牙足球青训体系及教学方法。队员们先后参观皇马训练基地、与皇马青训中心负责人交流、参观皇马伯纳乌球场，还与当地学生进行文化互动。 这次活动不仅为榕江的青少年女足队员提供了宝贵的国际交流机会，也展示了榕江在推广和发展青少年足球方面的积极努力。

2023年12月31日

国家主席习近平发表二〇二四年新年贺词中点赞"村超"："'村超'、'村晚'活力四射……诠释了人们对美好幸福的追求，也展现了一个活力满满、热气腾腾的中国。"

2024年1月6日

贵州"村超"2024 年预选赛正式打响，新赛季共有 62 支村队的 1800 余名队员参赛，年纪最小的足球小将 12 岁，年纪最大的 50 多岁。预选赛共有 162 场比赛，决出的 20 强将自动进入决赛阶段，争夺总冠军。 预选赛采用小组循环赛制，共分为 10 个小组，每个小组的前两名出线，从而确定进入决赛阶段的 20 强队伍。

2024年2月26日

为庆祝中法建交 60 周年和中法文化旅游年，法国人民援助会队与贵州"村超"联队在"村超"球场开展友谊交流赛。 最终贵州"村超"联队以 5∶4 战胜法国人民援助会队。 这次友谊赛不仅是一场足球盛宴，更是一次中法两国青年之间的友好交流。 比赛间隙，还进行了侗戏、苗族芦笙等民族文化展演，法国青年球员也献唱了法语经典名曲，推进了中法两国文化的交流。

2024年3月31日

在距离贵州 10000 公里之外的非洲贝宁，开启了第一届非洲贝宁"村超"联赛。 球员们在泥土场地上带球飞奔、精妙配合、连连破门，场外的观众载歌载舞、高声喝彩。 贝宁"村超"比赛还融入了中国元素，大家一起唱着中国歌曲，表演中国武术，现场热闹激烈。

2024年4月1日

榕江县第四届中小学生足球超级联赛在城北新区体育馆开幕。来自全县 38 所中小学共 70 支男女学生代表队 994 名运动员参加为期 7 天的精彩比赛。

2024年4月30日

希望工程·蒙牛少年足球公益行启动暨项目发布会在贵阳举行。此次活动由蒙牛学生奶赞助，并与中国青少年发展基金会、贵州"村超"、内蒙古蒙牛公益基金会合作，旨在积极响应国家号召，推动青少年足球运动的普及与发展，关注和支持青少年运动员的身心健康，通过足球运动赋予青少年积极向上的成长动力。

2024年5月1日

非洲利比里亚社联足球队与辽宁东港草莓足球队在贵州"村超"的赛场上展开了激烈角逐，这是贵州"村超"迎来的首场有非洲球队参与的比赛。 以球为媒，联动非洲，这是继贵州"村超"作为一个民间足球赛事品牌在非洲的贝宁、南非等地传播之后,其发源地榕江与非洲展开的近距离互动。

2024年5月27日

　　"逐梦"冠军公益赛在榕江县的"村超"球场举办。 当天,来自四面八方的球迷聚集在球场,为球赛加油助威,现场氛围热烈。 此外,巴西传奇球星、金球奖得主卡卡也亮相"村超"球场,为这场公益赛增添了更多看点。 此次赛事不仅展示了高水平的足球竞技,还融入了公益元素,为当地社区和足球事业发展做出了积极贡献。

2024年7月1日

　　由老挝、意大利、卢旺达等十多个国家的球员组成的美式热狗足球队与贵州刺梨足球队上演精彩对决。 最终美式热狗足球队以6∶1战胜贵州刺梨足球队。 这样的跨国组合为贵州"村超"增添了更多的国际色彩,这场比赛让球迷们感受到了贵州"村超"越来越足的"国际范儿"。

2024年7月5日

　　"村超"足球场上演了"村奥会"。"村奥会"开幕式呈现了《茶间风光》《动起来倍儿爽》《我们的村奥》三场特色演出;设置了足球、篮球、乒乓球、田径四大传统竞技项目以及高脚竞速、拔河、旱地龙船等特色项目。 参赛运动员和表演嘉宾以多元文化表演与特色赛事内容为纽带,共同为观众呈现了一场体育、文化盛会。 奥运冠军、中国女子乒乓球大满贯得主邓亚萍亲临现场,与乒乓球爱好者交流互动。 邓亚萍还在7月7日下午乒乓球决赛中担任比赛解说员,并进行现场点评。

2024年7月9日

贵州"村超"代表团到访成都，引起众多网友、市民关注。 在为期三天的成都行中，他们与成都体投集团携手举行了一系列精彩活动，包括体育竞技、文化交流以及榕江推介会等"体育+"活动，有效促进了两地文化和体育的交流与合作。 其中，备受关注的足球交流赛于7月10日在成都西村大院举行。

2024年7月20日

2024年贵州"村超"总决赛在榕江城北新区足球场举行，党相村足球队以5:0击败东门村足球队，夺得总冠军。

二、媒体报道

2023年2月6日

《中国青年报》头版刊登《侗寨里的"村超"联赛》，报道了由群众自发组织的贵州省榕江（三宝侗寨）和美乡村足球超级联赛在城北新区足球场热闹开赛，20支足球队参赛，村寨少数民族群众组成啦啦队，以及上万名球迷到场参加开幕式并观看比赛的场景。 这是以"村超"为题的第一篇新闻报道。

2023年6月4日

中国日报网发表的《不止于"球"——也谈"村超"的看球经济》提到，贵州榕江（三宝侗寨）和美乡村足球超级联赛精彩纷呈。

网友们形象地将本次乡村足球超级联赛称为"村超"。周末到体育馆看一场足球赛，已经成为榕江人当下最燃的生活方式。人们见面打招呼的第一句话从"吃了吗？""去哪里？"变成"上个星期看球了没？"榕江"村超"两周内登上新浪微博本地热榜第一名，登上抖音全国热榜，创造了抖音和快手热点 10 余个，火爆出圈。

2023年6月5日

《贵州新闻联播》栏目以"'村超'足球之夜 全民共享的足球之夜"为题进行了近 4 分钟的专题报道。继"村 BA"火爆出圈后，最近贵州榕江的"村超"足球联赛刷屏网络，成为贵州又一热门体育话题。贵州"村超"开启了"超级星期六"足球之夜，5 万多名球迷到场观看，网络直播流量和短视频传播量更是超过 3 亿人次。

2023年6月6日

中央广播电视总台 CCTV-13 新闻频道以"激情燃烧的'村超'——乡村'足球之夜'点燃夏日欢乐"为题进行了 7 分 30 秒的报道。中央广播电视总台《新闻联播》的《主播说联播》栏目评论道："快乐需要共享，热情随时释放"，无论遍地开花的"村 BA"，还是不断上新的"村 FA"，还是乡村足球超级联赛，都丰富了村民的精神世界，也带动了当地旅游发展，打开了乡村振兴的新局面，值得狠狠点个赞。

2023年6月7日

《人民日报》（海外版）关注榕江"村超"：随着裁判的一声哨响，一场吸引了近 5 万名观众到场观看的"村超"比赛落下帷幕，车江二村以4:1获得胜利，锣鼓声、掌声、欢呼声响彻赛场。赛事发起、赛程安排、晋级规则、节目表演等均是民间自发组织、自行决定、自行实施，当地政府全力做好服务保障工作，群众是"村超"真正的主角。每个"超级星期六"，各村寨群众还自发组织吹芦笙、敲木鼓、弹琵琶、跳多耶舞等民俗展演，为球队加油助威，为"村超"增添了浓浓的民族风情。

2023年6月9日

《人民日报》发表评论员文章《乡村赛事"上新"了！这次是"村超"》提到，这个夏天，贵州省榕江县"和美乡村足球超级联赛"吸引关注。观众最多的一场比赛，约有5万人现场观赛，解说员韩乔生来到现场为观众解说，英格兰著名球星迈克尔·欧文也通过视频点赞"村超"，送上祝福。

2023年6月9日

《新华每日电讯》发表了《群众主创！贵州"村超"掀起夏日"足球热浪"》。报道指出：每场比赛都有上万名观众，相关内容全网浏览量超20亿次、社会各界名人踊跃点赞……贵州省黔东南州榕江县的这个夏日，属于足球。这项被誉为"贵州村超"的比赛，正搅动起一层又一层"热浪"。

2023年6月10日

《农民日报》头版发表微评《贵州"村超"出圈：关键在"农"味！》。"名嘴"韩乔生现场解说，英格兰足球运动员欧文录视频点赞……近日，贵州省榕江县的"村超"乡村足球联赛火出了圈。不仅有近 5 万名观众到场观看，线上直播也是人气爆棚。从"村 BA"到"村超"，这些"村字号"活动之所以频频出圈，关键在于"农"味。一是活动有"农"味，参赛球员以当地村民为主，有卖鱼卖猪肉的，有开挖掘机打零工的，比赛奖品是本地黄牛、香猪、小香鸡等特色农产品。二是主角是农民，从赛事组织到具体实施，从节目表演到赛场秩序维护，都是当地群众自发进行。三是带动乡村产业发展，比赛让当地的土特产品、民宿旅游等也火了一把。

2023年6月11日

《新华每日电讯》刊发《贵州"村超"里的"少年足球"》。报道指出：在贵州省黔东南苗族侗族自治州榕江县的"村超"赛场，一群来自各行各业的村民球员——杀猪的、卖鱼的、做卤菜的、办企业的、干工地的……也正为了各自的足球梦想和村寨荣誉，在绿茵场上奋力拼搏、挥洒汗水。

2023年6月13日

《人民日报》刊发《从"村超"看县域体育生长》。报道指出，贵州举办"村 BA""村超"等多样化的体育赛事活动，让小小县城成为跨区域的体育中心，带动县域经济、文化、旅游融合发展，打造起县域"体育+"产业链。与此同时，县域体育发展也连接着城市与乡村，在中国体育的大格局中，起到了承上启下的重要作用。随着人们生活水平不断提高，丰富业余文体生活、提升生活质量的需求还将持续高涨，县域体育赛事还将有更广阔的舞台。

2023年6月16日

《人民政协报》刊发《到榕江，赴一场"村超"的约会》。报道指出，"村超"的出圈出彩，在于特色民族文化的创新融入、当地群众的自发参与，彰显中国式现代化贵州实践的文化自信。

2023年6月16日

新华社北京 6 月 16 日电《乡村体育火爆：是乐子，更是路子》指出，黔东南的两个村赛火了！无论是台江"村 BA"，还是榕江"村超"，都火得让人似乎有些猝不及防。一个村级篮球赛、足球赛，几万人现场围观，进而引来网上几十亿人次的浏览量，最终在线上线下蔓延成一场现象级的全民嘉年华。网友将两项赛事誉为"观察中国式现代化的一个窗口"。因为，这是在实现全面小康、推进全民健身，开启中国式现代化建设新征程中涌现的中国新故事。两项村赛，成功把球"耍"到了老百姓的心坎里。在赛事组织的全过程中，群众在台前当家作主，当地政府则在幕后做好服务保障。两项村赛，成功跑出了乡村振兴的"新赛道"，或许更是偏远山区实现超车的"弯道"。这两项"村"姓赛事，火在脱贫攻坚胜利的基石上，火在乡村振兴战略的进程中，也终将火出中国式现代化的美好明天。

2023年6月19日

《人民政协报》刊发《贵州"村超"观察记》。报道指出，榕江县向来有足球传统，因此早在 2000 年就诞生了车江足球联赛。此后，比赛一年一度已成为传统。 2023 年春节，车江三宝侗寨举办 2023 年乡村足球超级联赛，由车江 8 个村的足球队参赛。 没想到比赛打得火热，有更多的乡镇队伍跃跃欲试。 于是，县足球协会便酝酿将比赛升级为全县赛事，邀请各乡镇（街道）以村（社区）为单位组织参加，"村超"从此应运而生。"村超"，从球员到裁判，都是名副其实的村民，组队形式也是"招之即来，来之能战"。 今天的"村超"能引得万人空巷，也得益于榕江浓厚的足球文化。

2023年6月19日

《人民日报》（海外版）刊发《"体育+旅游"跑出加速度》。 报道指出，近年来，许多地方依托体育赛事的影响力，推动体育与旅游深度融合，展示当地旅游资源，丰富赛事旅游体验。"体育+"成为助推旅游业发展的重要途径。 5 月 13 日，由民间自发组织举办的贵州省榕江（三宝侗寨）和美乡村足球超级联赛开幕，万余人现场观看了开幕式表演和足球比赛。 每个"超级星期六"，各村寨群众还自发组织吹芦笙、敲木鼓、弹琵琶、跳多耶舞等民俗展演，为球队加油助威，为"村超"增添了浓浓的民族风情。 据介绍，榕江县将借助"村超"这一品牌，带动县城及周边的餐饮、住宿、旅游等行业发展，全力打造"超好吃""超好玩""超好住"等"超品牌"，推动地方特色产业发展，带动当地群众增收致富。

2023年6月24日

贵州网络广播电视台播出《"村超"火爆出圈！ 端午假期黔东南州接待游客六成来自省外》。 报道指出，近期贵州"村超"爆火，比赛举办地贵州省榕江县在这个端午假期吸引了大批游客。 携程平台上，当地酒店订单同比增长超过 11 倍，部分酒店在接下来的连续几个周末均已被订满。 据统计，端午假期前往黔东南的旅客中，外省游客占比超过60%。 客源地城市 Top5 为：广州、成都、重庆、深圳、上海。 在坐火车到榕江县的旅客中，最远的来自深圳，乘坐高铁最快也需要 5 个小时。

2023年6月28日

《光明日报》光明视野整版刊发《"村超""村 BA""村歌"乡村热土释放"幸福能量"——从贵州实践看乡村振兴新气象》，并配发专家点评《运动起来，让广袤乡村活力澎湃》和侧记《足球是我心头一团火》。 报道指出，运动场里"激战正酣"，观众席上山呼海啸，中场表演别开生面。 呐喊、鼓点、笑语、欢歌交织汇聚，掀起一股激情澎湃的热浪，尽情释放乐业安居的幸福……继"村 BA"持续大火之后，又一现象级的农民赛事"村超"火爆上演。 与赛事同时"火出圈"的，还有侗族大歌等特色浓郁的古老非遗。 这一切，正是乡村振兴路上应有的模样！

2023年6月30日

《光明日报》刊发《在榕江，体验"村超"足球热》。 报道指出，盛夏的贵州省榕江县城，足球比赛和天气一样火热。 在这里，地处城北新区的足球场成为大家每逢周末必去打卡的欢乐地。

2023年6月30日

《新华每日电讯》刊发的《"村超"带给中国足球的镜鉴》指

出,"村超"姓"村",自带一股"乡土味"。 球员们带着骨子里那份对足球的热爱,用纯粹的民风演绎着纯粹的足球。"村超"展现出来的足球文化和氛围,正是基层足球所需要的。"村超"因其浓郁的"村味"而火爆,如何保持这股"村味",将成为"村超"可持续发展的关键。

2023年7月2日

中国经济网刊发的《贵州"村超"带火"超经济"》指出,自2023年5月贵州"村超"足球赛开赛以来,贵州省黔东南苗族侗族自治州榕江县吸引了全国各地大量游客前往观赛游玩,带动了当地旅游、餐饮、住宿、文创、农特产品等行业的经济发展。 据榕江县政府统计,"村超"举办的一个月时间内吸引游客42万余人次,其中本地游客30.39万人次,外地游客11.61万人次。

2023年7月3日

《经济参考报》刊发《赛事经济振兴乡村大有可为》指出,继"村BA"之后,"村超"也火爆"出圈"。 贵州省黔东南苗族侗族自治州的台江和榕江,两个毗邻农业县的村级赛事,演绎成火爆全网、火出国门的现象级文体嘉年华,足以说明,"大众体育+民族文化"具有极大的发展潜力。 正如来自陕西、广西、内蒙古等地的游客所表达的一样,"村超"赛场上演的足球秀、民俗秀、风物秀,让足球比赛呈现别样面貌——无论是谁,来自哪里,都可以找到兴趣所在、欢乐所在。

2023年7月31日

《新华每日电讯》刊发《"村超"总决赛落幕，但"村超"大幕刚启》指出，"村超"展现出来的和美场景，离不开每位观众的参与、创造。"村超"的迷人之处，正是由每个独特个体组成的整体呈现出来的包容、团结大美。 唯有各美其美、美美与共，才能四海一家，天下大同。

2023年8月8日

《中国财经报》刊发《"村超"之火燃旺小城经济》指出，以赛促旅、以旅带文，实现文体旅融合发展，"村超"激发了榕江县域经济发展的活力与乡村振兴的内生动力，让全国目光聚焦贵州、聚焦黔东南，为榕江打出一张耀眼的新名片。

2023年8月14日

《光明日报》头版头条刊发报道《火火的"乡村赛事"，醉了农人美了贵州——"村BA""村超"火爆带给我们的启示》。 该报道深入探讨了贵州台江"村BA"和榕江"村超"这两项由乡村自发组织、以村民为比拼主体的赛事，并分析了它们对乡村振兴的启示和影响。 一个"村"字，点透了这两项赛事"热"的原因。 报道对"村BA"和"村超"给予了高度评价，认为它们是乡村振兴的生动实践和成功典范。

2023年8月15日

《农民日报》整版刊发《榕江"村超"何以破圈》指出，这座黔东南小城内似乎蕴藏着无数的快乐因子，它做到了一件看起来不可思议的事，让每一个来到这里的人都感到快乐。据不完全统计，5月13日至7月29日，贵州"村超"实现旅游综合收入38.34亿元，同比增长164.05%。新媒体的发展为榕江人民开辟了增收新赛道，据榕江县发改局统计，"村超"举办期间，全县1.2万多个新媒体账号和2200多个本地网络直播营销团队带动蔬菜、西瓜、杨梅、大米、罗汉果、葛根粉、蜂蜜等农特产品实现销售收入超4亿元。足球的快乐仍在榕江延续，借"村超"的东风，榕江还在继续探索"体育+"的无限可能。都柳江畔，车江坝下，还有无数场乡村足球赛在等待开赛的哨声；哨声响起，隐于市的球员、啦啦队成员仍会放下手中的活计，一呼百应。回应对未来发展的追问，榕江已用行动给出答案：主打热爱，未来可期，顺势而动，快乐至上。

2023年8月20日

新华社贵阳8月20日电《"村赛"启动全国联谊　"村超"播撒足球星火》提到，由香港明星队和榕江村民队携手开踢"揭幕战"，由南昌拌粉队和榕江卷粉队联袂献上"压轴戏"，自8月13日贵州榕江美食足球友谊赛（第一季）在贵州省黔东南州榕江县开赛，这项"村赛"不仅启动了"全国联谊"，更是将"足球星火"全国播撒。榕江的"美食足球友谊赛"主打快乐，按季推进，第一季的赛程将上演6轮共21场比赛，持续至10月28日。此前，在贵州"村超"举办期间，榕江就向全国发出了"美食足球友谊赛"的邀请。随着"村超"的爆火，全国各地报名球队不断增加，7月20日前榕江就收到798支球队报名，确认能够参赛的球队297支，其中贵州省内球队83支、省外球队214支。"村超"播撒的"足球星火"正在不断蔓延。

2023年10月7日

人民网贵州频道刊发《贵州榕江：新媒体赋能"村超"火爆出圈》提到，榕江县成立了人才培训基地、直播中心、电商公共服务、仓储物流等产业链配套的榕江新媒体电商产业园，先后吸引 40 余家企业入驻园区，并在此基础上建成 2000 平方米县级云仓，不断提升"榕"字牌农特产品竞争力。 40 余家企业入驻新媒体产业园、孵化 1.2 万余个账号入驻中台、培育 2200 余个网络直播营销团队，成千上万个新媒体账号带动榕江好产品和文旅景区月均网上曝光率超亿次。 数据显示，以"村超"为平台，在赛事举办的两个半月内，榕江西瓜、百香果、小香鸡、葛根等农特产品线上线下销售额达 4.01 亿元，同比增长 57.92%；"村超"举办后，榕江全县新增餐饮市场主体 204 家，酒店、民宿等入住率达 83.6%，比赛日入住率均为 100%。"村超"期间，榕江全县累计吸引游客 338.42 万人次，实现旅游综合收入 38.34 亿元。 当前，榕江县持续走好网上群众路线，用好新媒体，助力甜甜榕江的"名片"更响亮、人民群众的"口袋"更鼓、获得感更强，实现社会效益和经济效益双丰收。

2023年12月29日

《新华每日电讯》刊发《"村超"：中国农民从容"对话"世界》指出，数百亿次关注、数百万人次到访、数十亿元旅游收入……最后一批脱贫的榕江县，依靠"村超"实现逆袭。 融合创新是"村超"的流量密码：将多彩的民族文化嵌入草根足球，打造出富有魅力的特色文旅体验。

2024年1月8日

《新华每日电讯》刊发《"村超"热，是乐子也是路子》指出，回看2023年5个多月的赛程，超519万人次的游客，近60亿元的旅游收入，让人更加期待2024年"村超"的表现。相比2023年的20支参赛队伍，2024年多达62支报名，几乎囊括榕江全县所有村队。随着当地百姓几十年的热爱坚持和当地政府的积极作为，消费的蓝海、发展的沃土接踵而至。在浓浓的烟火气中，以体育运动增强发展活力，蹚出了文旅交融新路子。

2024年1月8日

《经济参考报》刊发《让"村超"热土成足球发展沃土》指出，1月6日，"村超"开启新赛季，再次成为舆论热点。"村超"之后，榕江县依托这一品牌，在当年持续吸引全国各地的业余足球队伍以足球为媒、以文化为介，奔赴交流，榕江自身也逐步跃升为基层足球和民族文化交流"高地"。愈加浓郁的交流氛围，促使榕江的足球文化、足球产业不断发展，这里正走出一条基层足球的"榕江新路"。

2024年1月12日

《光明日报》刊发《"村超"新赛季：火热再出圈 "追球"正当时》指出，新球队、新面孔的加入，让"村超"赛场更加热闹。场内场外，更多被调动起来的激情，正汇聚起乡村振兴的强大人气。未来，榕江县将继续发展好"超能经济"，推动农文旅体商融合发展，真正将"村超"的流量转化为社会效益的质量和经济效益的增量。

2024年5月7日

《新华每日电讯》刊发《"村超"拓新路 "村赛"成引擎》认为，从群众的"乐子"到发展的"路子"，从文体活动到经济引擎，以"村超""村BA"为代表的贵州"村赛"继续保持火热态势，不断推动当地文体旅商深度融合，助力地方经济社会全面发展。数据显示，"五一"期间，榕江全县387家酒店及民宿的预订率达98%；全县旅游接待超过34万人次，旅游综合收入超3.3亿元。

2024年5月15日

《新华每日电讯》刊发《"村超"一周年观察：从"三多"看"三满"》指出，一年来，"村超"从藏在深山人未识到火爆出圈火出国门，从自娱自乐到在海内外"圈粉"，从文体活动"乐子"到地方发展"路子"，让各方参与者愈加觉得欢乐多、收获多、启示多，也让榕江干部和群众幸福满满、成绩满满、信心满满。

2024年10月11日

《中国文化报》刊发《"村超"来了外交官》指出，9月28日晚8点30分，一场特殊的足球比赛在贵州榕江"村超"足球场打响。这是由文化和旅游部、阿根廷驻华大使馆共同主办的2024"发现中国之美·相约贵州村超"国际友谊赛，由阿根廷、多米尼克、格林纳达、巴西等国家的驻华外交官组成的拉美/加勒比国家驻华外交官联队，与贵州"村超"罗汉果足球队同场竞技。随着裁判吹响终场哨，比分最终定格在 2:2。这一刻烟花腾空，球员相拥，这场足球狂欢展现的不仅是"村超"的纯粹与快乐，还有文化的交流与交融。

参考文献

著作类

〔1〕《马克思恩格斯选集》(第一卷),人民出版社,1995。

〔2〕毛泽东:《论联合政府》(一九四五年四月二十四日),载《毛泽东选集》(第三卷),人民出版社,1991。

〔3〕邓小平:《在中国共产党全国代表会议上的讲话》(一九八五年九月二十三日),载《邓小平文选》(第三卷),人民出版社,1993。

〔4〕习近平:《习近平谈治国理政》(第二卷),外文出版社,2017。

〔5〕〔美〕迈克尔·塞勒:《移动浪潮:移动智能如何改变世界》,邹韬译,中信出版社,2013。

〔6〕〔英〕德斯蒙德·莫里斯:《为什么是足球?》,易晨光译,北京联合出版公司,2018。

〔7〕〔美〕克利福德·吉尔兹:《地方性知识:阐释人类学论文集》,王海龙等译,中央编译出版社,2004。

〔8〕顾久主编《中国地域文化通览(贵州卷)》,中华书局,2014。

〔9〕张锦鹏主编《改变与守望:少数民族现代化进程中的文化适

应》，学苑出版社，2020。

〔10〕（清）方显：《平苗纪略研究》，贵州人民出版社，2008。

〔11〕王文岭、黄飞主编《黄质夫乡村教育文集》，东南大学出版社，2017。

〔12〕黄承伟、叶韬主编《脱贫攻坚省级样板：贵州精准扶贫精准脱贫模式研究》，社会科学文献出版社，2016。

〔13〕欧阳章伟、王永杰：《"村超"密码》，贵州民族出版社，2024。

〔14〕王守仁撰《王阳明全集》（上），吴光等编校，上海古籍出版社，2011。

〔15〕（明）沈庠修、（明）赵瓒等纂《贵州图经新志（弘治）》，赵平略、邢洋洋、赵念、吴春燕点校，西南交通大学出版社，2018。

〔16〕（清）鄂尔泰等修，（清）靖道谟、（清）杜诠纂，《贵州通志（乾隆）》（第四册），贵州人民出版社，2020。

〔17〕（明）孙应鳌：《孙应鳌文集》，刘宗碧、龙连荣、王雄夫点校，贵州教育出版社，1996。

〔18〕叶嘉莹主编《清诗三百首》，东方出版中心，2020。

〔19〕潘懋元等主编《中国高等教育百年》，广东高等教育出版社，2003。

〔20〕黔东南苗族侗族自治州地方志办公室编《黔东南斗牛文化志》，光明日报出版社，2017。

〔21〕贵州省榕江县地方志编纂委员会编《榕江县志》，贵州人民出版社，1999。

〔22〕贵州省地方志编纂委员会编《贵州省减贫志》，方志出版社，2016。

〔23〕《贵州县情》编辑委员会编《贵州县情（上、下）》，中国统计
　　　出版社，1992。

论文及新闻报道类

〔1〕史继忠：《贵州行政建置的演变与中国多民族国家的形成》，《贵州
　　　民族大学学报》（哲学社会科学版）2018年第1期。

〔2〕石培华：《贵州"村超""村BA"如何持续发力》，《当代贵州》
　　　2023年第36期。

〔3〕中共贵州省委宣传部调研组：《"村超"、"村BA"何以火爆出
　　　圈》，《求是》2024年第11期。

〔4〕许峰、黄春云：《"村BA""村超"现象级传播中的"狂欢"要素
　　　分析》，《媒体融合新观察》2023年第4期。

〔5〕骆凯：《铸牢中华民族共同体意识视域下贵州"村超"出圈的启
　　　示》，《贵州社会主义学院学报》2023年第4期。

〔6〕索晓霞：《村超是中华民族共同体意识的鲜活实践》，《当代贵州》
　　　2023年第47期。

〔7〕朱全国、肖艳丽：《贵州现代乡村表演与中华民族共同体意识的呈
　　　现——以贵州"村BA"与"村超"为例》，《中南民族大学学报》
　　　（人文社会科学版）2024年第4期。

〔8〕张江华：《人以为秽而彼则不啻珍错——中国西南地区一种"异
　　　味"食品的社会生活》，《民族学刊》2019年第1期。

〔9〕刘梦轩：《从贵州"村超"看民族文化传播特征与创新策略》，《东
　　　南传播》2024年第2期。

〔10〕余满江:《借力"村超"创新乡村治理》,《文化产业》2024 年第 11 期。

〔11〕曹泳鑫、马蕾:《现代化普遍缺失精神文化的无解之困》,《毛泽东邓小平理论研究》2023 年第 3 期。

〔12〕刘威、王碧晨:《流量社会:一种新的社会结构形态》,《浙江社会科学》2021 年第 8 期。

〔13〕李雅娟、龙东连:《侗寨里的"村超"联赛》,《中国青年报》2023 年 2 月 6 日,第 1 版。

〔14〕陈晨曦:贵州"村超"精彩继续》,《人民日报》2024 年 5 月 27 日,第 15 版。

〔15〕罗羽:《"出圈"到"长红""村超"何以能?》,《贵阳晚报》2024 年 8 月 1 日,第 5 版。

〔16〕田宇、刘阳:《"村超"热,是乐子也是路子》,《中华工商时报》2024 年 1 月 10 日,第 3 版。

〔17〕吴秉泽、王新伟:《"村超""村 BA"火爆出圈的密码》,《经济日报》2023 年 8 月 10 日,第 12 版。

〔18〕焦红霞:《探寻贵州"村超"成功密码》,《中国改革报》2023 年 8 月 25 日,第 5 版。

〔19〕许邵庭、曾书慧:《深入学习贯彻习近平总书记重要指示精神 乘势而上扬长补短加快推动旅游业高质量发展》,《贵州日报》2023 年 9 月 15 日,第 1 版。

〔20〕孔德晨:《"十四五"中国经济实现良好开局》,《人民日报》(海外版)2022 年 1 月 18 日,第 2 版。

〔21〕吴储岐:《学会"十个指头弹钢琴"》,《人民日报》2022 年 5 月

17 日，第 19 版。

〔22〕汪晓东、李翔、王洲：《关系我国发展全局的一场深刻变革——习近平总书记关于完整准确全面贯彻新发展理念重要论述综述》，《人民日报》2021 年 12 月 8 日，第 1 版。

〔23〕工业和信息化部运行监测协调局：《2023 年通信业统计公报》，《通信企业管理》2024 年第 2 期。

〔24〕高丙、刘羊旸、刘硕：《百亿 G 汪洋大海 中国全面步入"流量社会"》，中华人民共和国中央人民政府网站，2017 年 8 月 8 日，https：//www. gov. cn/xinwen/2017-08/08/content_5216709. htm。

〔25〕国家统计局综合司：《沧桑巨变七十载 民族复兴铸辉煌——新中国成立 70 周年经济社会发展成就系列报告之一》，中华人民共和国中央人民政府网站，2019 年 7 月 1 日，https：//www. gov. cn/xinwen/2019-07/01/content_5404949. htm。

〔26〕樊曦、王聿昊、王优玲、于文静：《2023 年中国经济"成绩单"成色十足》，中华人民共和国中央人民政府网站，2024 年 3 月 6 日，https：//www. gov. cn/yaowen/liebiao/202403/content_6936935. htm。

〔27〕李自良、潘德鑫：《贵州：撕掉"绝对贫困"的千年标签》，"新华社"百家号，2021 年 5 月 20 日，https：//baijiahao. baidu. com/s?id=1700268675394826383&wfr=spider&for=pc。

〔28〕《贵州交通、水利、通信等基础设施建设情况新闻发布会》，贵州省通信管理局网站，2022 年 8 月 30 日，https：//gzca. miit. gov. cn/xwdt/xydt/art/2022/art_0fb170a859a242fc91021eb197f55980. html。

相关文件及内部资料

〔1〕李炳军：《政府工作报告》（2021 年 1 月 25 日在贵州省第十三届人民代表大会第四次会议上），贵州省人民政府网站，2021 年 2 月 24 日，http://www.guizhou.gov.cn/home/tt/202109/t20210913_70070896.html。

〔2〕《榕江县 2023 年国民经济和社会发展统计公报》，榕江县人民政府网，2024 年 4 月 24 日，http://www.rongjiang.gov.cn/zwgk_5903530/zdlyxxgk/tjsj_5903737/202407/t20240708_85077703.html。

〔3〕政协榕江县文史资料研究委员会：《榕江文史资料（第 1 辑）》（内部资料），1985。

〔4〕榕江县人民政府办公室：《榕江县足球场统计》（内部资料）。

〔5〕榕江县人民政府办公室：《榕江足球历史》（内部资料）。

〔6〕榕江县人民政府办公室：《贵州"村超"基础材料汇编》（内部资料）。

〔7〕2021~2024 年榕江县《政府工作报告》。

后　记

习近平总书记在党的二十大报告中强调："加快构建中国话语和中国叙事体系，讲好中国故事、传播好中国声音，展现可信、可爱、可敬的中国形象。"[①]"村超"以其独特的魅力吸引了国内外的广泛关注，是讲好中国故事的最好素材。国内外媒体从新闻报道的角度给予"村超"大量的关注，为"村超"的传播立下汗马功劳。但从社科研究的角度，系统地对"村超"进行解读的著述还没有，社科研究者需要及时跟进。

习近平总书记指出："话语的背后是思想、是'道'。不要为了讲故事而讲故事，要把'道'贯通于故事之中，通过引人入胜的方式启人入'道'，通过循循善诱的方式让人悟'道'。"[②]这段重要论述的意思之一就是要把中国故事背后的道理说清楚。讲好"村超"背后的道理，无疑是贵州学人的责任担当与时代使命。

贵州省社会科学院党委提出"有组织、有方法、有价值"的"三有

[①] 习近平：《高举中国特色社会主义伟大旗帜 为全面建设社会主义现代化国家而团结奋斗——在中国共产党第二十次全国代表大会上的报告》，中华人民共和国中央人民政府网站，www. gov. cn/xinwen/2022-10/25/content_5721685. htm。

[②] 习近平：《在党的新闻舆论工作座谈会上的讲话》（2016 年 2 月 19 日），载中共中央党史和文献研究院、中央学习贯彻习近平新时代中国特色社会主义思想主题教育领导小组办公室编《习近平新时代中国特色社会主义思想专题摘编》，党建读物出版社、中央文献出版社，2023，第 331 页。

科研"理念，文化研究所积极践行院党委要求，以"发展社会学"重点学科为载体，组织全所科研人员赴榕江对"村超"进行深度调研，从不同的学科视角对"村超"进行解读。希望通过我们的研究，梳理清楚"村超"的来龙去脉，记录、传播好榕江通过打造"村超"这一县域IP，撬动榕江县域现代化的生动故事，提炼总结出后发地区县域现代化的路径及理论启示。

为深入、真实、生动地描述"村超"、解读"村超"，研究团队深入榕江各个部门座谈、收集资料。访谈了榕江县领导、"村超"策划者、"村超"球员等，并有幸参与观摩了榕江县组织的关于"村超"发展的"第八次头脑风暴会"。通过系列调研，我们收集了大量素材，形成了较为清晰的一些认识。

在书稿创作过程中，我们采用总—分—总的论证逻辑。既注重揭示"村超"的历史逻辑，又强调从结构化、大背景的视野中分析"村超"这一"小事件"。经过团队成员的共同努力，本书终于顺利完成。全书主体内容由九章组成，前有一个序言后加一个附录。其中序言、第一、九章由高刚负责，第二章由赵青负责，第三章由王娜、李代峰负责，第四章由甘泉负责，第五章由蒋楠楠负责，第六章由卢祥运负责，第七章由赵玉娇负责，第八章由蔡贞明负责，附录由谢敏负责。全书由高刚统稿并修改完善。

我们要特别感谢榕江县党委政府和人民群众，是他们创造了"村超"，没有"村超"就没有本书。"村超"进一步展示了贵州的多彩形象，作为贵州人，与有荣焉！我们的研究工作得到了榕江县的大力支持，相关部门不仅为我们安排协调了各类座谈会，还尽可能地为我们提供详细的数据资料，书中大量图片也是榕江县提供的。要特别感谢贵州省社会科学院，这里有良好且宽松的科研环境，每一位科研人员都能够专心致志地从事调查研究工作，正是有了单位的支持，我们关于"村超"的研究才能够由想法变成书稿。贵州省社会科学院"国家治理体系和治理能力现代化地方实践高端智库"为本书的出版提供了经费资助。贵州省社会主义学院"贵州新发展理念与多党合作高端智库"也为我们提供了诸多支持。尤其要感谢社会科学文献出版社皮书分社副社长陈颖女士及其他审稿专家、美编等的辛苦付出。

在研究过程中，我们参考并引用了相关论著、新闻报道、政府文件及网站资讯的观点及素材，在此一并致谢！

如有疏漏，敬请读者批评指正。

高　刚

2024 年 9 月 30 日

图书在版编目（CIP）数据

"村超"闯新路／高刚等著 . --北京：社会科学
文献出版社，2024.12. --ISBN 978-7-5228-4369-8

Ⅰ. G843.92

中国国家版本馆 CIP 数据核字第 2024U190V4 号

"村超"闯新路

著 者／	高 刚 等

出 版 人／冀祥德
责任编辑／陈 颖
责任印制／王京美

出 版／社会科学文献出版社·皮书分社（010）59367127
　　　　地址：北京市北三环中路甲 29 号院华龙大厦　邮编：100029
　　　　网址：www.ssap.com.cn
发 行／社会科学文献出版社（010）59367028
印 装／三河市龙林印务有限公司

规 格／开 本：787mm×1092mm　1/16
　　　　印 张：17.5　字 数：208 千字
版 次／2024 年 12 月第 1 版　2024 年 12 月第 1 次印刷
书 号／ISBN 978-7-5228-4369-8
定 价／68.00 元